# イスラーム金融

Islamic Finance

贈与と交換、その共存のシステムを解く

櫻井秀子
sakurai hideko

新評論

イスラーム金融／目次

# イスラーム金融

贈与と交換、その共存のシステムを解く

# はじめに

## 原油の高騰とイスラーム金融市場の隆盛

二〇〇二年以降の原油価格の高騰にともない、イスラーム圏に莫大な資金が流入している。中東・北アフリカ－中央アジア－南アジア－東南アジアにまたがるイスラーム圏には、世界の主要な産油国が点在し、そのオイル・マネーの動向は無視しえないものとなっている。ただしここで注目されるのは、その強大な資金力のみではない。湾岸諸国やマレーシアが協働して独自に開設した〈イスラーム金融市場〉は、しだいに頭角をあらわし、サブ・プライムローン問題にゆれるグローバル金融市場を横目に、着実に地歩を固めつつある。

イスラーム金融市場では、イスラーム法にもとづいた取引が行なわれる。そこではイスラーム投資ファンドが組まれるなど、これまでの金融商品とは一線を画した戦略がとられている。そしてその市場に欧米の金融機関も多く参入するなか、ダウ・ジョーンズ・イスラミック市場指数(1)などがその動向をたどり、日本の金融機関も企業もこの市場へ参入を開始した。確かにこのイスラーム金融のテクニックのみを習得するのであれば、欧米流の金融テクニックをアレンジすれば事足りる面もある。しかし、イスラーム圏のビジネス最前線で活躍されている方々はすでにご存じのとおり、金融の分野に限らず、ビジネスそのものを円滑に進めるためには、そのテクニックに通じていれば十分というものではない。相手の懐深くに入り込むことが不可欠で、そのためにはまず、信頼のおける人間関係が構築されなければならない。

イスラーム圏の経営環境は、端的にいえば〈直接性〉と〈関係重視〉によって成り立っている。[2]そこで実際のビジネス関係へと進むためには、相手と直接的な関係を築くことが重要であり、その際、こちらの人格、技量、知識は重要なファクターとなる。特にタフ・ネゴシエーターとして有名な中東地域のビジネスマンを相手に交渉するには、信頼と尊敬を得てしっかりと相手の懐に入ることが何よりも重要である。そしてイスラーム市場に参入する際に、イスラーム的ビジネスのテクニックにとどまらず、その体系の根底にある文化と思想、さらにはその基層にある世界観や存在論までの理解をもてば、まさに鬼に金棒である。別段これは、イスラーム圏の市場に参入する際に限られたことではない。中国やインドなどの非欧米地域の市場への参入にも、同様の姿勢が重要である。

日本企業はかつて欧米市場に参入する際に、多くの人材を欧米諸国に留学させ、西欧思想を筆頭に、歴史、経済、政治、法、文化にいたる幅広い知識を習得させ、さらに人脈づくりを奨励した。欧米諸国に比べれば数は劣るものの、その他、市場参入をはかる国々においても同様の方針を立て、異文化理解の視点からその国の経営風土に通じ人脈を形成することは、重要な経営戦略の一つであった。しかし最近は、グローバル・スタンダードの影響であろうか、それに適合した情報が重用される一方で、人間関係も再編され、間接的な関係が洗練されたものとみなされるようになっている。ヒトの要素が削がれたことによる変化は、〈商い〉と〈ビジネス〉の言葉の響きの相違から汲み取れるようなものである。

直接的な関係と間接的な関係のいずれを望むかは、相対的なものであり、文化や時代によって異なってくるが、少なくとも現在のイスラーム圏において人間関係は緊密さを保ち、それがビジネス関係にも反映され、どちらかといえばヒトの要素の強い取引が中心を占めている。したがってこの市場に参入するためには、イスラームの経営基盤を深層から学び強い信頼にもとづく人間関係を構築することが求められ、そのためのビジネス・インテリジェンスとしてのイスラーム理解が不可欠なのである。

## イスラーム圏と日本

さらに忘れてならないのは、日本は原油の大部分をイスラーム圏から輸入しているという現実である。中東地域、アフリカ、東南アジアのイスラーム諸国からの日本の原油輸入量の割合は、二〇〇五年から現在までの間、全体の九五パーセントから九七パーセントの間を推移している。(3) 日本では消費エネルギー源に占める石油の比率が以前よりも下がり、代替エネルギーへの転換も積極的に模索されているとはいえ、日本の経済と生活が石油資源に大きく依存していることに変わりはない。

日本の安全保障の観点に立てば、生活と産業に不可欠なエネルギー資源の供給地域について理解を深めることは、一般の日本人と企業が身近な問題として全力を傾けてもおかしくないテーマである。しかし驚くべきことに、この意識は低いといわざるをえず、日本の生命線といってもよいエネルギーに対しては、市場を介せばいつでも調達できるという安易な考えが、いまだに優勢である。資源獲得競争が激化する現在、日本は資源の供給地域に対して、経済的要素の他に深い理解を示し、文化・社会的な関係を構築することがきわめて重要であることを再認識する必要がある。

しかし、イスラーム理解の前に大きな壁が立ちはだかっているのも事実であろう。(4) それはイスラームといえば、すぐさまテロと連想するような、悪漢のイメージである。だが六三億人の世界人口のうち、ムスリムの人口が一三億人以上(約五分の一)を占める現実に目を向ければ、彼らに対して一括してテロリストや教条主義者のレッテルを貼ることこそ、愚かしいことはいうまでもない。イスラーム文化圏だからテロリストがいるのではなく、テロリストは世界のどの文化圏にもいるといった、当然の視線をまず回復することが必要である。

そしてイスラーム圏に対して「理解を超える地域」という先入観が固定化しているのも、積極的な理解を阻む壁となっている。一般には「イスラーム圏の紛争は宗教的なものだからどうにもならない」というあきらめムードが漂っている。しかし歴史的経緯をたどれば、現在のさまざまな紛争の原因は、即座にわかることである。イスラームが紛争の火種であるという前提をいったんはずして他の要因に目を向けると、植民地政策や西欧的近代化によってイスラーム独自の共存のシステムが弱体化し、加えて、近年加速する戦争ビジネスが紛争の収拾を妨げているという視点も自ずと浮かび上がってこよう。

前マレーシア首相のマハティールは、「誤解されたイスラーム世界を日本人こそ正しく理解できる」と力説している。(5) 彼独特の日本人への思い入れを差し引いたとしても、この点は正しいであろう。なぜならばイスラーム世界を理解しようと日本人が思い立てば、それが可能な文化的、歴史的位置に日本はいるからである。

## イスラーム的経営の今日的意義

イスラーム金融の根幹をなす〈シャリーア・コンプライアンス Sharī'ah compliance〉というタームは、欧米諸国ではすでに定着した専門用語であるが、それを理解することの意義は、世界のビジネスの潮流に乗り遅れまいとする側面にのみ見出されるものではない。シャリーア・コンプライアンスをさまざまな角度から考察すると、シャリーアと呼ばれるイスラーム法がいかに社会全体のマネジメントと関わるかが示され、イスラーム的経営がこれまであえて世界の時流に乗らなかった側面とその合理性が明らかとなる。これこそシャリーア・コンプライアンスを理解する醍醐味ではないだろうか。

イスラーム的な経営理論は、近代の経営理論において認知を受けることはなかった。その背景には、〈イスラーム的経営〉が〈倫理と不可分の経営〉を貫いてきた歴史がある。イスラーム的経営においては倫理的な制約があり、その企業経営は社会全体の経営と一体化しているため、効率とスピードを優先する近代的経営がもたらしたような経済成長を実現することはなかった。日本における商業学から経営学の転換期に示されるように、経営理論の発展は、西欧近代化の過程と密接に関係し、そこでは近代的進歩と経済成長が自明の前提とされたのであった。一言でいえば、「経済成長のないところに学ぶべき経営理論なし」というのが、そのスタンスであった。マネジメントの時代が始まった二〇世紀の初頭からの一〇〇年間に、F・テイラーが提唱した科学的管理を体系化し発展させた近代経営学は、効率と利潤を最大化するモデルの構築という実学的側面から、先進諸国の個別経済や企業経営のみを研究対象としてきたといっても過言ではない(6)。さらにこの根底には、宗教＝非合理という、近代化における自明の前提があり、それゆえに「宗教にしばられて資本主義的な成長型経済を実現できないイスラーム的経営」という判断が下されたのである。

しかしここで角度を変えれば、「倫理と不可分ゆえに、あえて資本主義的発展を回避させようとするイスラーム的経営」という観点が浮かび上がってくる。この点を理解するためには「後進的で発展できない」という視点から「あえて西欧的な近代的発展を拒んだ」という視点への切り替えが必要であり、さらには「発展途上国を啓蒙する先進国」といった姿勢を正さなければならない。そこでは「発展途上とされる地域の社会構造から学び取る」という謙虚さが求められよう。

グローバル化が進展するなか、暴走のやまない成長志向の資本主義やそれを推進してきた経営がもたらす負の側面が、先進国においても日に日に顕著になっている。環境破壊の現状とその影響は目を覆わんばかりの惨状を呈し、実体経済や雇用関係などの経営環境も著しく劣化し、人々の生活そのものが維持できないような状況があらわれている。そして、多方面から成長至上主義の経済政策や経営戦略の限界が指摘されて久しいにもかかわらず、成長拡大志向はいまだに強力である。しかしこの成長は、何のためかわからぬほど、人々の生活から遊離しつつあるのが現状であり、つい先ごろまで多くの国民が中流家庭を実感していた先進国・日本においても、格差拡大と貧困に見舞われている。近代世界では、人口比にして世界全体の二割しか占めない先進国が、その他八割の発展途上国を踏み台にして発展してきたが、それと同様の関係が、日本国内においても企業内の雇用関係から個人の関係にまで浸透しつつある。[7] 好景気はもはや多くの人々には実感されず、先進国という名称までもがむなしく響くばかりである。

新自由主義政策のもと〈抑制なき資本主義〉が本領を発揮するなか、そのあおりを受けて先進国の内部では格差が拡大し、第三世界化が進展し、他方、発展途上諸国は自由市場原理の旗印のもと資源の略奪に等しい契約を強いられている。いずれにおいても成長拡大志向の経営をシフト・ダウンしていく方法を模索する必要があり、そのためには私益と公益のバランスの取れた、倫理と不可分の経営を再考することが求められる。この点においてイスラーム的経営から学ぶことは多い。そして、かつて〈勤勉実直、質実剛健〉を是とし、日本的経営によって経済成長を果たした日本人は、これに大いに共感を覚えることであろう。

また第二次世界大戦後、約一〇年ごとに中東イスラーム圏で起こっていた紛争サイクルが東西冷戦終結後の一九九〇年代以降短くなっているのは、単に政治的な要因や、資源の争奪によるものではない。なかでも湾岸戦争、アフガニスタン戦争、イラク戦争などソ連崩壊前後に続いた戦争は、奇しくもグローバル化における新自由主義経済政策の台頭期とも重なってくる。ＩＭＦ（国際通貨基金）や世界銀行、ＷＴＯ（世界貿易機関）などの国際機関は、グローバル全体主義に近いかたちで新自由化政策を展開させているが、その政策をイスラーム圏に導入するために究極の構造改革として戦争を利用しているという側面も見逃してはならないだろう。なぜならばイスラーム圏の民衆が資本主義、市場主義、そして新自由主義に容易に与しないからである。[8]

現在のグローバリズムにおいて謳歌されている自由は、所詮、限定的である。そこでは近代的経済システムへ一元化しようとする強力な流れを変える自由は認められていない。自由主義と文化管理は、表裏一体の関係にある。近代経済システムの自由主義は、他の文化圏が固有性を主張することも、それにもとづいて独自の諸政策を打ち出す試みも、徹底的に排除すべき対象としている。そしてイスラーム圏は、文化的な独自性を鮮明に発揮して経済・経営を発展させようとし、新自由主義に抵抗しているがゆえに、現行のグローバリズムのなかで徹底的に糾弾されているともとらえられるのである。

## 分断を再結合する市場

本書のねらいは、現在台頭しつつあるイスラーム金融市場に焦点を当て、イスラーム金融の基本構造をグローバル化に則した側面と、資本主義に抗する側面の双方向から考察することにある。これは一見矛盾しているようだが、イスラームにおいては、金融の分野に限らず市場一般が、「近代的である一方で、資本主義的ではない」構造をもっている。つまりそれは、イスラーム的な市場が「交換を重視しながらも、交換一元的とはならない」ことを意味するが、それはイスラーム法に照らしたシャリーア・コンプライアンスと深く関連している。したがって本書では、「個別的で一回性を重視する交換の関係」と、「円環的、ないしは系列的な贈与の関係」が並存し混交しているイスラーム社会の市場構造の全体像を、シャリーアの法令にもとづきながら明らかにしていく。

これまで交換と贈与は別個のものとして考察され、交換関係は合理的であり、贈与関係は非合理的であることを前提とする傾向がみられた。実際に市場開拓の名のもとに贈与関係は交換関係に転換され、交換をつなぐ贈与が消滅しつつあるなか、単なる無償行為と化した贈与は、ひたすら犠牲を強いられている。このように、「個別性を前提とする交換とそれをつなぐ贈与」という関係が崩れ、それが保っていた社会全体の統合性が失われた結果、新たな弊害や非合理性がいたるところにあらわれている。ここで重要なのは、交換が合理的・理性的で、贈与が非合理的・感性的であるという一つの思い込みを解くことである。交換が合理的となりうるのは、贈与との並存があってこそであり、反対に、贈与のもつ犠牲的要素や非合理性は、交換のルートとつながることによって解消されるのである。元来、市場とは、交換と贈与が混交する場であり、そのような混交市場においてこそ交換が合理的となりえたのであった。

本書は以上の観点にもとづいて構成されているので、いろいろな読み方が可能である。第1章、第2章はイスラームとそのコンプライアンスを理解するために必要な基本であるが、現在のイスラーム金融市場の興隆について強い関心のある読者は、第3章を重点的に、また抑制なき資本主義に歯止めをかけ、贈与と交換の混交市場を再構築する可能性を秘めたイスラーム金融市場の側面に興味をもつ読者は、第4章を中心に読まれてはいかがであろうか。

しかしあえて強調するならば、ここで重要なのは、交換と贈与がバランスを保ちながら並存するイスラーム市場一般の構造に着目することであり、この両者の混交とバランスのあり方が、われわれが現在直面している分裂と分断を再結合するヒントとなりうるということなのである。それは、デジタル的関係とアナログ的関係が補完的にバランスを保って共存する社会の、一つのかたちを示しているともいえる。

成長著しい今日の湾岸諸国をみる限り、これまでの近代化の延長としての成長志向型経済と、それを推進する経営の姿しか浮かび上がってこないかもしれない。しかしムスリムである経営者たちがイスラームを掲げて金融市場を拡大するためには、社会的公正の観点に立った投資や社会的還元を無視することはできない。経済的成長と文化的・社会的な成長を同時に達成するためには、贈与の領域にも積極的に関わる必要がある。シャリーア・コンプライアンスにもとづいて交換と贈与のバランスを保つことは、彼らの自己存在と深く結びついたものであり、文化的に刷り込まれているといっても過言ではない。

したがって現在のイスラーム金融市場の構造と今後の方向性を正しく分析するためにも、また市場化社会が抱える問題の解決に一歩を踏み出すためにも、贈与と交換が織りなす混交経済の合理性に着目し、贈与と交換、さらには人々の共存を可能にする市場と社会システムを解明することが重要である。

## 存在から繰り出される経営

日本はイスラーム圏に対して資源と金融の分野で直近のビジネス戦略を練る必要に迫られているが、その成功のためには、すでに述べたとおり「急がば回れ」の戦略として、イスラーム社会に関する幅広い知識が不可欠である。その際、イスラーム社会と日本社会に共通の、〈関係重視型社会〉という視点を切り口にすると、イスラーム社会の新たな側面が見出されよう。それは、よりスムーズなビジネス・アプローチにもつながり、ひいては日本的経営の再評価にもつながることが期待される。

日本の関係型社会の基盤にいかなる存在論が横たわっているかについては、あらためて詳細な研究が必要だが、第5章では、一つの試みとして日本社会のもつ仏教的基盤に着目した。そして存在論の観点からイスラームと仏教との比較を行ない、それらの倫理的基盤の共通点を導いた。

その共通点とは「他者と共存する共同体的な個」が存在のレベルにおいて規定されていることである。それは、認識の優先ではなく存在の優先によって個をとらえなおすものである。そこには、イスラームや仏教の存在論の根源にある〈存在の共有〉の観点から経営のあり方を再考することによって、社会的関係を再構築する方向が示されている。それは現在、経営の分野においても課題となっている、企業と社会の関係を考える上で避けて通ることはできない領域であろう。

さらに新自由主義的な企業経営が専制的に拡大し、それがもたらす社会問題が顕在化するなか、この状況を打開するのもやはり企業経営である。そこでは、企業や個人、家庭、社会において首尾一貫した企業戦略を立てることが不可欠であり、そのためには、存在から繰り出される経営を理解することが重要である。この試みは、倫理と経営のバランスを取る〈中道の経営〉、企業間・文化間等において多元的要素が共存できる〈相利共生の経営〉、持続的発展を可能にする〈シフト・ダウン経営〉等、これからの経営のあるべき姿を模索する上で、大きな手がかりを与えてくれるにちがいない。

# 第1章

# イスラーム世界のビジネス・エートス

## グローバル化への静かな抵抗とイスラームへの回帰

イスラーム金融市場の躍進や湾岸諸国の政府系ファンドによるM&Aの攻勢は、発展段階的にとらえると、近代的発展に向かってテイク・オフした段階とみなすことができるが、他方では、その発展はBRICsの成長とともに、これまで欧米を中心とした先進諸国が築いてきた近代的社会システムを根底からゆるがすような大きなうねりを興している。この潮流には、近代文明に別れを告げて次の文明へのサイクルへ移行しようとする迫力さえ感じるほどである。降ってわいたかのようなイスラーム金融市場の興隆であるが、その根は深く張りめぐらされており、長い歴史と幅広い裾野をもっている。

イスラームにもとづく経営は、近代的尺度に照らして非合理的であるとみなされ、近代セクターの表舞台にはあらわれず、伝統セクターにおいて長く受け継がれてきた。伝統セクターは、インフォーマル・セクターと呼ばれたが、実際には、実体経済を支える民衆からなるセクターであり、この部門では、伝統的に培われたイスラーム的な経営がいかんなく発揮されてきたのである。現在もイスラーム圏における伝統セクターは、民衆の経済の中心的役割を果たしている(1)。

イスラーム圏は、欧米列強諸国による植民地政策以来、近代化による社会変革に長くさらされてきたが、そこには風雪に耐えるがごとくそれに抵抗してきた民衆がいた。その抵抗は、ひたすらイスラームの教えを守って生活することであり、イスラームが説くバランスと中道を見極めながら、公正の確立をめざすという生活スタイルそのものであった。イスラーム社会において民衆は、相互扶助にもとづく公正な社会を構築するという目的に向かって、日常生活のなかでエネルギーを放出している。イスラームの投資環境は、国政とは関係のない伝統セクターにおいて維持され、このように途絶えることのなかった社会基盤があったからこそ、現在、巨額のオイル・マネーを運用するイスラーム金融市場を打ち立てることが可能なのである。

イスラームにおいては、投資市場のみが活況を呈し、人々が苦しい生活を強いられるような状況を善とはしない。またモラルを欠く経済的繁栄も、極端な格差も認められない。イスラーム的な経営は、トータル・マネジメントを基礎においている。なぜならばイスラームでは、「組織を形成、運営し、意思決定する」という経営行為は、自己存在と深く関わり、神から委譲された地上の管理運営の一環となっているからである。そこでは営利活動も非営利活動も究極的な目的を共有することから、投資行動や企業経営は、家庭、社会、国家といった他の組織の経営と同じ基盤に立ち、経営者も顧客も、経営、売買、消費といった一連の行為と自らの生き方を関連付けている。したがって企業経営の方向性も戦略も、イスラームの構造に深く根ざし、イスラーム的な社会構築のための重要な責務を負っているのである。

ところが、現在のグローバル化が推進する新自由主義的な経済政策は、イスラーム的な共同体社会にも容赦なく構造改革を迫り、伝統セクターにも影響を及ぼしている。ＩＭＦの構造調整策の導入などにより、イスラーム圏においても、自己責任、自助努力によって個々人がそれぞれ市場と向き合うような環境が整えられつつある。(2)この影響は経済領域にとどまるものではなく、家族関係などにも及ぶものだが、イスラーム圏においてはこのような新自由主義に対しても安易に応じることはない。人々がイスラーム的な生活スタイルを崩さないことは、静かな抵抗であるだけに、改革を推進するグローバル・リーダーたちにとってその排除は厄介である。

したがってアフガニスタン戦争やイラク戦争にみられた、グローバル・リーダーによる性急で強引な戦闘開始は、このようなイスラーム圏におけるグローバル化への静かな抵抗とも深く関係しているととらえることもできる。なぜならば民主主義と自由の名のもとに展開されている戦争は、同時に、イスラーム圏でいまだに強力な共同体社会と非市場的関係を物理的に破壊し、近代的な市場的関係におき換える過程ともなっているからである。それは〈究極の構造改革〉ともいえる。(3)

世界全体を覆い始めたアンフェアな現状。そこでは〈持つ者〉は、資産から名誉、知識、安全、健康といったすべてを有し、〈持たざる者〉は、極貧にあえぎ、危険の只中で空腹や病気との闘いを強いられ、その苦闘さえも無視され放置されたままである。(4)世界中で相互扶助の関係が崩れ、他者を助ける余力もなくなっていくなか、治安は悪化し、経済活動までままならない状況があらわれている。

このように不公正が蔓延する社会を改革することは、ムスリム（イスラーム教徒）にとって重大な義務である。ただしそれは暴力行為によるものではない。イスラームの基本に帰って、シャリーアを現代の文脈に沿って再解釈し、あらゆる生活の局面においてシャリーアを遵守した行動を行なうことが、何よりの改革なのである。イスラーム登場以前の社会環境を彷彿させる現状は、公正なビジネスの確立を通して社会改革を行なった、勃興時のイスラームへの回帰をムスリムに強く促すものとなっている。

## イスラーム勃興の社会・経済的背景

イスラームは、ユダヤ教、キリスト教と同一の神を唯一神とする姉妹宗教であり、六一〇年にアラビア半島のメッカの商人、ムハンマドを通じて啓示が下され、その預言者ムハンマドを中心に社会共同体の基盤が築かれたことに始まる。(5) その後、聖地メッカのあるアラビア半島を中心に、北アフリカ、西アジア、中央アジア、南アジア、東南アジアへと東西に広がりをみせ、現在、ムスリムの総人口は約一三億人にのぼる。またイベリア半島で繁栄を謳歌したアンダルス・ウマイヤ朝（七五六―一〇三一年）は、イスラーム文明の重要な一翼を担い、後にヨーロッパで開花する近代諸科学の思想と技術の基礎を提供する橋渡しともなった。(6) 六三二年に預言者ムハンマドが他界するまで啓示が下され、その啓示が記録され編纂されたものが聖典クルアーン（通称コーラン）であり、イスラームにおいて遵守されるべき法令の源である。

このクルアーンを紐解くと、イスラーム登場の背景には、倫理を欠く社会があり、その改革の必要性が求められていることがみてとれる。またそこには商売に関する記述が随所にみられ、当時のメッカの生活が商業を抜いては語れず、また社会の大改革の一つが経済改革であることを示唆している。当時のメッカには、一握りの富裕者による独占的支配や、公正を欠く経済活動、弱者切り捨て、それらに抗する破壊活動の横行など、現代の状況と酷似する状況がみられたのである。

アラビア半島の西に位置するメッカが遠隔交易の拠点都市としての地位を確立したのは、ヒジュラ暦元年（西暦六二二年）から約一〇〇年さかのぼった六世紀前半であるといわれている[7]。当時すでに、五世紀末にメッカを攻略したクライシュ族の諸政策により、メッカでは域内の安全が確保され、巡礼と交易の中核都市としてのインフラを備えるようになっていたが、他方では、メッカから一歩でも外に出れば危険が待ち受けているという状況であった。その結果、メッカの商人は外から運ばれた商品を売買する中継交易に携わるにとどまり、新たな投資先をみつけられぬまま、過当競争が激化の一途をたどっていた。

このような閉塞状態に風穴を空けたのが、通商安全協定（イーラーフ）であった[8]。当時メッカを治めていたのはクライシュ族の長であったが、その長であるハーシム・イブン・アブド・マナーフ自らがシリアにおもむき、当時シリアを統治していたビザンチン帝国や交易ルート周辺の部族とこの協定を結んだことにより、遠隔交易の安全が確保された。その結果、商人たちの可動性が増し、新たな交易ルートをメッカ商人が開拓することが可能となったのである。さらに近隣においてビザンチン帝国とペルシャ帝国の衝突が激化するにつれ、戦争回避の新たな交易ルートとしてもメッカが重要拠点となり、繁栄を謳歌するにいたった。

メッカの経済発展は、当然のことながらこの地を治めるクライシュ族の財力と軍事力を飛躍的にのばし、その力を背景にクライシュ族は周辺の部族の領地にも経済進出をするようになった。部族を単位とするアラビア半島では、部族の領地は、政治、軍事はもとより、経済的にも不可侵の領域であったにもかかわらず、クライシュ族は、メッカ近郊を治めるサキーフ族に対して、土地開発の利権を渡すよう要求したのである。先祖代々、その地で農業に従事していたサキーフ族は、クライシュ族の軍事力や、メッカへの出入り禁止という制裁による経済的孤立を恐れ、不承不承、クライシュ族に土地開発を認めることとなる。

莫大な資金を要する土地開発事業を前にして、クライシュ族の商人は、高利貸しを始め、遠隔交易、土地開発、高利貸しの三大事業により、ますます資財を蓄積していった。上述したサキーフ族の例を端緒として、クライシュ族は排他的な経済活動を展開し、周辺の部族の権益を侵すようになるが、それと時を同じくして、部族内においても経済的関係が血縁関係に優るような事態が生じた。たとえば、同部族内にあっても債務不履行が生じた場合には、それを帳消しにするのではなく、債務者の資産や権益を差し押さえる。また差し押さえ物件がない場合には、債務者の自由を奪い、債務奴隷とするなどの措置がとられた(9)。返済不履行のほとんどは、法外な率の利子がかけられたことによるものであった。その利子は、一部の商人たちが莫大な資産を形成することを容易にした反面、その他の者の経済状況を著しく悪化させた。そして、そのような利己的な行動が、ついに部族社会に亀裂を生じさせることともなった。自己完結的で個人主義的な行動様式が、部族単位の結束と共存にもとづく社会関係を解体し始めたのである。

部族内の紐帯が切れ切れになり、それを単位とする社会組織が有効性を失った結果、メッカでは富裕者たちの足下さえもゆるがしかねないほど治安が悪化し、ビジネス環境に必須である平和と安全が損なわれた状況に陥ってしまう(10)。そしてそこに登場したのが、イスラームである。

## 商人の心をとらえたイスラームの社会的合理性

社会が混乱するなか、イスラームは、利己的本能に凝り固まる富裕者層と、それに抗する術のない社会的弱者の双方に対して、精神と行為の両面から自己改革するための道筋を提示した。この社会改革に対して、既得権益を有するクライシュ族の抵抗は強く、預言者ムハンマドはその部族の出身であったにもかかわらず、激しい迫害にあう。ムハンマドは、六二二年にメッカからマディーナへ布教の中心を移し、そこでイスラーム共同体の基礎を築いた後、六三〇年にはメッカ軍がイスラーム勢に降伏したことにより、ムハンマドのメッカ帰還が実現した。

その背景には、バランスを欠いた経済発展が社会にもたらした混乱や紛争、貧困などの非合理性を、身をもって経験した商人たちが、イスラームをいち早く受け入れていったことがある。それは、社会全体の調和の取れた発展がもたらす公益を損なっては経済と社会の持続的発展を実現できないことを、彼ら自身が認識した結果であった。イスラームは決して非合理な教えではない。むしろ預言者は先頭に立ってその経済的合理性を社会のなかに根付かせ、具体的な制度の確立によって社会的合理性を実際に示していった。そして商人たちに対して物心両面で強く訴えかけ、預言者が六三二年にこの世を去った後も、彼らはイスラームの伝播に大きく貢献した。

隊商ルートは、物品の交易とともに情報が流れる重要な経路である(11)。そしてその伝達者は、アラビア半島のメッカ、マディーナにおいて、イスラームの勃興以来、その教えにしたがい、自らが社会の構造改革に携わった商人たちであった。彼らは預言者ムハンマドのリーダーシップのもと築かれたイスラーム共同体の情報を伝えるばかりでなく、自らの商売を通じてイスラームの教えにもとづくビジネス・モデルを示していったのである。

したがって陸と海のシルクロードに沿ってイスラームが広がったことは、単なる偶然ではない。イスラーム教徒の進軍は、この交易路を通じて行なわれたのである。その沿道ではビザンチン帝国とサーサーン朝ペルシャ帝国の圧制と軋轢に疲弊し切った民衆がおり、彼らが進んで、新たな社会システムを携えたイスラームを迎え入れたのであった。イスラームの伝播力は強く、勃興からわずか一世紀ほどで一大帝国を築くまでとなった。その拡大の理由に関しては、イスラーム軍に「コーランか剣か」といった選択を迫られ降伏していったという説がいまだに根強い。しかし他方では、そのような見解はオリエンタリズムの典型であり、近代西欧諸国自らが植民地を拡大する際に用いた手法を投影したにすぎないという見方もある(12)。たとえば預言者の没後まもない六三六年にはサーサーン朝ペルシャの軍勢がカーディシーヤの戦いにおいてイスラーム軍に敗北したことを引き金に、ペルシャ帝国が崩壊しイスラーム国家となるが、ペルシャ軍の敗北は、イスラーム軍の到着を待つまでもなかったといわれている。なぜならば、ペルシャ帝国領内の民衆がすでにイスラームの教えに惹かれおり、イスラーム軍への抵抗を鼓舞するのが困難だったからである(13)。つまりイスラーム圏の拡大は、一貫して、〈民衆による受容先行〉という側面が強い。そして、そのような受容先行を可能にしたのが隊商交易であり、それを通じて民衆は事前にイスラームの合理的な教えに関する情報とビジネスの実践にふれることが可能だったのである。

預言者ムハンマドが具体的に行なった社会改革は、後代のムスリムに対する模範モデルとなり、それにつねに回帰しようという動きがイスラームの歴史を形成してきた。クルアーンや預言者の言行であるスンナには、政治関連の記述とならんで、経済的なものも数多くみられ、現代のムスリムも自らの状況をそのテクストに重ね合わせている。イスラーム金融市場の設立の動機も、これと無縁ではない。

## タウヒード（イスラームの世界観）

イスラームの教えでは、万物の創造の根源は唯一神アッラーである。その世界観はタウヒードと呼ばれ、その教えは信仰の中心をなす。[14] ただしそれが社会構築力を発揮し、一四〇〇年近くに及ぶイスラームの歴史を形成している背景には、その教えを具体化する方法としてのシャリーア（法）と、その実践の場としてのウンマ（共同体）が機能してきたことがあげられる。イスラーム圏では人々がイスラームを個人的、社会的な行為の規範として受け入れ、それを日常生活のなかで具体的に実践し、そのようなイスラーム的行為の連続性がイスラーム共同体に実体を与えてきたのである。

時代が変遷するなか、シャリーアには新たな解釈が施され、それが民衆による実践というかたちとなって、社会的慣習として連続性が保たれた。しかしここで誤解してはならないのは、イスラームではシャリーアを単に形式的に実践すればよいというものではなく、あくまでもその先にある目的に到達するための手段でなければならないということである。その目的とは、ウンマに社会的公正を打ち立てることである。その際には、タウヒードが唯一絶対の究極的存在を指示すると同時に、究極的に「〈一〉に収斂する〈多〉も意味している」という観点からとらえる必要がある。このようなタウヒードの世界観は現実のありようを示すものでもあり、神の唯一性を探求する過程において、神学、哲学、文学、法学、天文学、数学、医学等を含む、人文、社会、自然のすべての科学的領域に飛躍的な発展がもたらされた。それらは人々の日常生活にも大いに反映され、信仰と科学と日常生活に一貫性が保たれ、イスラームの黄金期を支えていた。しかし一五世紀末から一六世紀にかけて科学者たちの知的関心が神学的議論に集中するかたわらで、イスラームの伝統諸学は社会の発展と改革をかえりみない傾向を示すようになり、この歪みは、イスラーム世界が西欧近代文明と対峙した時、鮮明となった(15)。一九世紀以降に広がりをみせたイスラーム改革運動が、イスラームに社会指導性を回復するために、もっぱらクルアーンの現代的解釈を要請したことからもうかがえるように、イスラーム社会を現代的に再構築するために、タウヒードを社会的観点から解釈する努力が精力的に行なわれるようになったのである。そしてイスラーム金融に関わるさまざまな解釈も、この流れの一環である。

黒田壽郎著『イスラームの構造』では、このようなタウヒードとシャリーアとウンマの三項関係が明快に示されており、タウヒードが導くイスラーム社会を〈等位性〉〈差異性〉〈関係性〉の三つの観点から説明している(16)。

等位性は、万物が例外なく、神の〈在れ〉という命令によって創造されているという点から導かれる(17)。すべての被造物は、唯一神アッラーを存在の根源にもち、この点において、人間や、その他の動物、また植物、鉱物等の自然すべてが神から等位の存在価値を与えられている。創造主としてのアッラーを信仰することは、とりもなおさず神によって保証された等位性から導かれるところの、存在者間の平等の概念を受け入れることでもある。よってこの平等は、道徳的要請によって〈あるべき〉もの、ないしは達成されるべきものとして認識されるのではなく、リアリティーの実体として〈ある〉ものとして、つまり存在論の平等として人々の間で認識されることとなる(18)。

神は、個々の存在者に対して存在の等位性を保証した上で、異なる資質、能力を付与し、その結果、地上の存在者のすべては差異的に存在する。これはイスラームのカラーム神学の原子論から導かれ、「万物は分割不可能な部分である原子から成り立ち、その原子は実体と偶性から構成されている」ととらえられている(19)。それによれば、実体が具体的な存在となるためには、一つないしは複数の偶性をともなうのだが、その際、同じ偶性をとることはない。よって万物を構成する最小単位の原子は、すべて異なる偶性をともなうことから、万物は差異的となる。このような等位性と差異性の原則は、個体や個人の尊重となってあらわれる。

等位性の根拠は、すべての個別的存在者が唯一神という同根から発している点にあった。それは存在の分有を示すものととらえられ、個別的存在者は、創造主の存在のあらわれ、徴であると表現される(20)。そして存在を分有している各存在者は、互いに強く連関している。現実世界に目を向けると、個々の存在者は身近なところに、自己の存在を成立させている諸要因を見出すこととなる。親子関係は、自己存在を可能にした関係性をあらわし、夫婦関係は、社会的関係性をあらわす最小単位として、身近に認識されるものである。しかしタウヒードがもたらす関係性は、人間間のみに限られたものではなく、人間も自然の一部でその関係性の連鎖のなかにあることを示している。

たとえば人間と果実の関係を一例とするならば、人間の食す果実の存在因は種子や、水、土、光、空気等、数え上げれば切りがなく、またそれら存在者たちの連鎖のかたちは、硬直的な一直線を描くといった単純なものではない。種子→花→果実の関係にみられる原因と結果からなる縦の関係には、花に受粉し結実させるミツバチとそのミツバチに蜜を与える花という横の互恵関係が絡み、そしてミツバチが蓄えた蜜を人間や熊が食し、それを可能とする清水や里山が広がり、さらに別の縦や横の関係へとつながっていく。自然界にはこのような存在者の連鎖が縦横に張りめぐらされ、人間もその結節点の一つを構成している存在者にすぎない。このようにタウヒードは、神と個別的存在者の関係のみを意味するのではなく、それら存在者間の等位的関係をも規定する水平的な広がりをもっているのである。

イスラームによれば、人間は神によって知性という能力を授けられ、この知性ゆえに人間は地上を管理するという重大な責任を負っている[21]。自然および共同体を身体にたとえるならば、まさに人間はその頭脳に相当する。人間は知力により、概念化、思考、判断、選択が可能であり、自らの意志をもつにいたっているが、頭脳はそれのみで存立できるものではなく、神経や血管によって他の臓器、部位と脈絡を保ってこそ機能できる。頭脳は身体全体の調和を保つように指令を出すが、それは精神による肉体の支配ではない。あくまでも身体全体の一部としての頭脳ととらえられている。同様に、人間の知性も地上を管理するために神から授かった能力であり、他の人間や自然を支配するためのものではない。

したがってタウヒードの世界観では、自然界が共存と調和、均衡をはかり、一つの有機体を構成しているように、人間の組織や社会的領域もこの有機的関係によって築かれているとみなされている。[22] このように各部分の相互連関的な補完性、全体との強い一体性、ならびに諸部分間の調和と均衡は、各部分の確固とした個別性とその尊重とならんで、イスラーム社会の組織体の根底にある構造的特徴である。

### シャリーア（イスラーム法）

イスラーム社会の基礎には、タウヒードの教えが人々の関係を決定付けるものとして息づいている。これを可能にしているのは、シャリーアの存在である。クルアーンには、タウヒードに根ざす調和、均衡、中道を達成することにより得られる公益などのイスラームの教えの基本と、それを実現する共同体構築の義務が随所にみられるが、他方、人々がそれらを具体的に行動に移すための生活マニュアルとでもいうべき身近な行動規則がある。それがシャリーアである。

シャリーアは、その文化的総体が考慮されぬままに、安易に訳されている言葉の一つである。それは一般に〈イスラーム法〉と訳されるが、〈法〉と限定されることにより、シャリーアの本質は矮小化されている。ましてや日本のメディアにおいてよく耳にする〈厳しい戒律〉という訳語にいたっては、イスラームに対する誤解と先入観を大いに増幅していると考えられる。この決まり文句によって、「人々はイスラームの厳しい戒律と掟によって、自由意志が抑圧された、禁欲的な生活を強いられている」という先入観が独り歩きしているようである。

シャリーア・コンプライアンスというタームにもみられるように、英語文献では、シャリーアはもはや訳されない場合が多い。それはシャリーアがもつ幅広い意味によるものである。社会学者のA・シャリーアティーは、シャリーアを〈水場にいたる道〉という原義にさかのぼって説明し、宗教そのものを意味するディーンが神聖な叡智という意味の他に〈道〉という意味をもつこと、また、マズハブ（宗派）、シラート（天国への道）、タリーク（タリーカ＝神秘主義）、ウンマ（共同体）などのイスラームの専門用語の原義に〈道〉という意味が含まれていることを偶然ではないと述べている(23)。イスラームにおいて信仰とは、そのものが目的なのではなく、あくまで手段、過程であり、神へと通じるそれらの道は、個人にとっては完全なる人間にまで自己を高める道、他方、社会にとっては、公正の実現に向かう道となる。なかでも生きることの根幹に関わる水場への道標となっているのが、シャリーアなのである。

またムスリムは、「神へ服従する者」を意味するが、その服従とは、食欲、性欲、物欲といった本能的欲求を禁じ、厳格な神にただひれ伏すことではない。そもそも食欲、性欲、金銭欲、権力欲などにあらわれる人間の本能も神の創造によるものであり、生きるための重要なエネルギーともなっている。またキリスト教とは異なって、イスラームには原罪がないので(24)、その欲を卑しめたり禁じたりはしない。ただし、ともすれば利己的に膨張するそれらの欲望を、他者との関係において個々人がバランスよく満たしつつ抑制する術を、シャリーアが示しているのである。

イスラームにおける神の命令を一言で説明するならば、「人間が地上に公正な社会を実現すること」に尽きる。そしてその行動規範が、シャリーアなのである。タウヒードの教えにある「個を尊重しながら相互補完的で調和の取れた関係を築く」ということは、いうほどにはたやすくない。そのためには世界を俯瞰的にながめる超越的存在の視点は不可欠であり、シャリーアには、等位性、差異性、関係性の実現の方法が、あらゆる角度から示されているのである。

したがって砂漠のなかで渇きにあえぐ者に水のありかを教えてくれる道標のごときシャリーアに対して、禁欲と聖俗分離をイメージさせる戒律という訳語を当てるのは不適切といわざるをえない。すでに述べたように、イスラームの教えは聖俗分離ではなく、生活や社会の場において行為として実践されてこそ意味をなすものであり、その実践の仕方が示されているのがシャリーアなのである。

## シャリーアの構成

シャリーアの具体的な構成については、イスラーム法学派によって相違はあるが、スンニー派の四法学派の第一法源はクルアーン(聖典)、第二はスンナ(預言者の言行)、第三はイジュマーウ(合意)、第四はキヤース(類推)である。[25] シーア派法学においても、クルアーンを第一法源、スンナを第二法源としてみなすことに変わりはない。[26] シャリーアの第一法源であるクルアーンは、神の啓示が記録されたものである。クルアーンには人間が獲得すべき性質と獲得すべきではない性質が、神によって種々様々に語りかけられているが、それは抽象的ではなく、具体的、経験的であり、人間の徳性が行為を通じて高められるように示されている。また法源の構成からも明らかなように、シャリーアは記録された典拠(第一、第二)のみではなく、その解釈の方法(第三、第四)も含み、社会の変動に柔軟に対応できる構造をもっている。[27]

イスラームにおいて立法者は神であり、人間が新たな法を定めることは許されない。この点はシャリーアの自然法的性質である。他方、シャリーアは、不変の部分と可変の部分からなり、時代や状況に応じながら解釈すべき部分も含まれる(28)。人間の具体的な諸行動に関しては、つねに解釈を要するといっても過言ではなく、この点は、シャリーアの実定法的側面となっている。

タウヒードの世界においては、神という絶対存在の具体的あらわれが個々の存在者であるように、シャリーアにおいても実定法が自然法の現実的なあらわれとなっているとみてとることができる。イスラームでは自然法と実定法が、二項対立関係にない。この点に関し、眞田芳憲は、比較法学の観点からシャリーアを〈実定化された自然法〉とし、古代ギリシャ法、ローマ法、近代西洋法と比較して〈他に類をみないユニークな法体系〉と位置付けている(29)。

人の行為はすべてシャリーアの対象となり、(1)義務的行為、(2)推奨される行為、(3)非難も奨励もされない行為、(4)芳しくない行為、(5)禁止された行為、に分類される(30)。われわれの一般的な理解では、法に抵触するのは、義務的行為を怠ったり、禁止された行為を犯したりした場合であるが、シャリーアは(2)と(4)といった道徳、倫理、良心などに関わる領域も含んでいる。さらにその賞罰は、現世においてばかりでなく、来世においてもなされる。「現世は来世の耕作地である(31)」といわれるように、永遠の生を受ける来世の位置、すなわちそれが天国となるか地獄となるかは、現世の行ない次第なのである。

## 人生の貸借対照表

このようにイスラームでは現世の生き方が、来世において与えられる場所、すなわち天国か地獄かを決定する。来世はいわば人生の総決算の場である。イスラームの信仰の基本である六信五行の六信の一つとして来世があるが[32]、来世を信じることは、翻って現世の有限性、一過性を認識することでもある。クルアーンには現世が終わる時の様子が具体的に記されており、それをまとめると次のようになる。

最後の審判の日、まず天使イスラーフィルがラッパをならすと、その瞬間に天が割れ、山が崩れ地上が平らとなり、地上の命あるものはすべて死滅する。次に二度目のラッパがなると、すべての人間の死体に魂が戻され、蘇生し、審問にかけられる。人間それぞれが現世においてどのような生き方をしたかについては、人間の両肩にそれぞれ座る二名の記録係の天使が細大漏らさず個人の台帳につけているが、その際、右肩の天使は人間の善行を、左肩の天使は悪行を記録している。そしてこの記録は最後の審判時に各自に手渡され、右手に台帳を受け取った者は天国へ、他方、左手の場合は、地獄へ送られる[33]。

このような最後の審判の様子は、眼前の商売の決算だけではなく、人生そのものに対していずれ決算がおとずれることを具体的に示している。イスラーム勃興時に、いかにこのレトリックが商人たちに強く訴えたかは想像に難くない。存在を分け与えた神と、それを受けた人間の間に交わされた契約。それは人間が善行を積み、公正に生き、そして共同体全体に公益がもたらされるように管理することへの報奨として、天国における永遠の生が与えられるのである。

この点に関してクルアーンには、次のように述べられている。「このわれの記録こそはあなたがたについて真実を語る。本当にわれは、あなたがたの行なったことを書き留めさせておいた。それで信仰し、善行に勤しんだ者、主はかれらを、慈悲のなかに入らせられる。これは明らかに至福の成就である」［第四五章二九—三〇節］。

ある研究によればクルアーンには、二〇の異なる語根から派生するビジネス関連の用語が三七〇回登場するという(34)。そこには、ビジネスに関わる利子や退蔵の禁止などが具体的に記述されている他に、人間の生き方そのものが、ビジネスにおける成功例、失敗例のように比喩的に描かれている。

英語の business という語も、その原義においては単に商売や取引を指すのではなく、〈義務〉を意味したが、イスラームではそれをいかに果たすかが成否を決定している。ただしそのビジネスは、株主や出資者、消費者などの利害関係者への義務の遂行によって完結するのではなく、究極的には、自己に存在を与えた神に対する義務の遂行へとつながっていくのである。

さらに神への〈貸付け〉もあり、神は、その貸付けに対し、それを二倍、ないしは数倍にして報いるとクルアーンに記されている(35)。その貸付けは、善行を通じてなされるが、それはとりわけ〈喜捨〉を指している。喜捨とは、利益の一部を社会に還元する行為であるが、これは現世的な利益を来世に向けて投資することとみなされる。他方、現世的な利益の蓄積のみに勤しみ、喜捨をかえりみず神を畏れぬ傲慢不遜な姿勢を貫く者は、不信者、偽善者とみなされ、その蓄財もろともに劫火で焼き尽くされることも、クルアーンには記されている。

喜捨は、利益や魂の浄化といった精神的な側面から、現世の利得を来世への蓄積と転換する機能をもっている。それは、永遠の利益獲得のために私財を社会に投じていくという高度な功利性も兼ね備えている。その結果としては、商行為が単なる個人的欲求の充足の手段となったり、企業が利益集積マシーンとなったり、社会全体が功利主義に陥ったりすることを回避させる。喜捨については、第2章と第4章において、詳しく述べる。

## ウンマ（イスラーム共同体）

シャリーアには、ビジネス、経済、政治、行政、治安などの社会的領域と、結婚、離婚、相続、衣食などの私的領域のいずれに関しても、個人の行なうべき行為と忌避すべき行為が示されている。そして公私にわたりシャリーアを実践していくことにより、信仰体系の第三の柱であるウンマにイスラーム性が付与されることとなるのである。

ただしこのシャリーアをどのように解釈し実践するかによって、ウンマが理想に接近するか、そこから逸脱するかが決まるともいえる。理想的ウンマは預言者ムハンマドの時代、およびそれに続く正統カリフ時代に実在したウンマを指し[36]、いわゆるユートピアとは異なっている。そこには預言者ムハンマドのリーダーシップによって実現されたウンマの具体的な軌跡があり、さらにそれを忠実に踏襲した正統カリフ時代のウンマのかたちがある。預言者の行動に対して、神から叱責や修正の啓示が下される様子などもクルアーンには記されているが、このようにムハンマドの時代は、神の直接指導のもとイスラームの教えを実践していたのである。それゆえに預言者の言行（スンナ）もシャリーアの法源となり、初期イスラーム時代は、ウンマの模範的中心とみなされている。

ウンマのアラビア語根の umm には、〈前進〉の意味が含まれる。つまり理想的なウンマに向かってムスリムが連帯し前進することが、ムスリム社会をイスラーム共同体にするのである[37]。イスラーム圏という地理的分布が、そのままウンマというわけでもなければ、形式的にクルアーンを解釈し実践すればイスラーム的というわけでもない。人々が現実に属する社会のなかで具体的に実現すべき目的を、理想のウンマに照らしながら自覚し、イスラームの教えを実践し前進してこそ、共同体をイスラーム的にするのである。そこでは自覚と意志が、重要な要素となっている。

ウンマで実現すべき目的は、公益（マスラハ）のある公正な状態である。[38] 端的にいえば、それはウンマにおけるあらゆる存在者が共存とバランスの取れた関係にある状況を指す。それは個人の精神と身体のバランスに始まり、他者や自然との共存や調和のすべてを含んでいる。公益の実現のためにシャリーアが示す道筋は、分配と分散による集中の回避である。なかでもクルアーンでは、政治、経済、知識などの領域を独占することによって生じる抑圧的な権力を、アッラーに敵対的なものとみなし、それに対して抵抗するように人々に命じている。

さらに、社会的領域において実現される共存とバランスを欠いては、個人の信仰は完結しない。個人の信仰のあらわれとしての行為は、公益の実現に寄与しなければならないのである。たとえばイスラームでは貧富の差は、個別的存在者がそれぞれの能力において多様で互いに異なるために、当然生じる社会的状況であるとみなされる。ただしある者が裕福になったのは、神からその能力とチャンスが与えられた結果であることから、そのような能力を与えられた者は、公益に対する自らの責任を自覚し、自らの資産を他者とのバランスを考慮しながら管理する謙虚さがなければならない。よって、イスラームではある一定以上の富を得た者は、社会的弱者や困窮者、挫折者に対して富を環流させることが義務となっている。

## 民衆を主体とするウンマ

イスラームでは万物の創造主のアッラーは、自らの創造物のなかから人間を地上の代理人とし権限を委譲したとされるが、委譲されたのは特定の個人や家系の者ではなく、人間と語義上において同根の関係にある〈民衆〉であった点は、きわめて重要である。

前出のシャリーアティーは、「宇宙の秩序といった問題を除いては、社会体制に関わるすべての事象についてナース（民衆）とアッラーは同義なのである。よって『裁定は神に属する』という場合、その意味は『裁定は民衆に属する』となる。それは神の近親者であるかのように神の代理、息子となりすまして振舞う者や、時には神自身であると自称する者たちに属するのではない」と指摘し、同様に「財はアッラーに属する」という場合も、アッラーと民衆の語が互換関係にある点を説明している。(39) シャリーアの実践においては、むしろ民衆の意志と選択が強く働かなければならないのである。

これは、シャリーアの民衆的性質をあらわすものに他ならない。つまりシャリーアから導かれる解釈が、恣意的、独善的であったり、時代や社会的背景を考慮しないものであれば、民衆の支持を得られず、その実効性を発揮することはできない。シャリーアが自然法的側面と実定法的側面からなることはすでに述べたが、その実定法的側面の実効性は、民衆の支持を不可欠とするのである。

このような民衆主体の観点に立つことにより、ここでウンマに関しても一つの誤解を解く必要があろう。イスラーム共同体ではムスリムしか権利を認められず、異教徒は迫害を受けるという思い込みが一般的に見受けられるが、シャリーアでは、ズィンミー（庇護民）と位置付けられた異教徒には自治権が認められる。彼らはジズヤと呼ばれる税金を払うことにより、ムスリムに課せられている兵役を免除され、イスラーム共同体に対して敵対的でない限り自らの宗教の教えにしたがって居住できる。クルアーンには、「啓典の民がもし主を畏れるならば、われはかれらのすべての罪を消滅して、必ず至福の楽園に入らせるであろう」［第五章六五節］という聖句や、「本当に（クルアーンを）信じる者とユダヤ教徒、サービア教徒、キリスト教徒で、アッラーの終末の日を信じて善い行ないに励む者には、恐れもなく憂いもないであろう」［第五章六九節］という聖句がみられ、一神教の教えを曲解することなく信仰に勤しむ者は、善行を積んだムスリムと同様に救済の対象となっている。イスラームでは、信仰の強要、強制をしてはならず、非ムスリムの居住民、ならびに一時滞在者の安全と信教の自由が保証されている。

イスラーム共同体におけるムスリムと非ムスリムとの共存は、イスラーム法からうかがい知ることができるだけでなく、歴史的事実もそれを物語っている。たとえばロシア帝国下のポグロムや、ナチス・ドイツにおけるホロコーストなど、キリスト教圏で起こった追放や虐殺の危機から免れたユダヤ教徒が、当時保護を求めたのはイスラーム圏であり、また正統派キリスト教で異端とみなされた一派を受け入れたのもイスラーム圏であった。さらにウンマの小宇宙空間ともいわれるバーザール（市場）においては、現在もなお、ユダヤ教徒の店やキリスト教徒の店がムスリムの店舗と軒をならべ営業している。このようにウンマは、非ムスリムをも含む多様な存在者たちによって構成されるのだが、それを前進させていくのはウンマの主体である民衆なのである。

## 地上の管理責任と法解釈

預言者が他界し、その後継である正統カリフの時代も終わりを告げた七世紀後半ともなると、アラビア半島とは異なる風土や社会環境、歴史体験、慣習、言語の異なる地域がすでにイスラーム化していた。さらに時代を経るなか、当然のこととして、人々は多くの新たな局面に直面し、それらに対してクルアーンの聖句やスンナを解釈しながら、現実問題を解決し行動様式を決定する必要が生じた。

イスラーム法の体系が完成されたのは、ヒジュラ暦四世紀（西暦一〇世紀）頃といわれている(40)。その成立過程と発展に関してはここでは論じないが、イジュティハード（法解釈）を行なうにふさわしい専門知識を備えたムジュタヒドと呼ばれる法学者には、市井の動向、時代性に対する鋭い感覚や、高徳な人格を兼ね備えていることが求められている。彼らは自らを社会から隔離したいわゆる聖職者ではない。聖俗分離ではないイスラームでは、聖域を特別扱いすることはない。また知的優位性から彼らが神と民衆の仲介を行なうこともない。あくまで彼ら自身も民衆を構成する一部であり、民衆は一人ひとりがクルアーンを通じて神と対話している。したがって法学者の行なう法的解釈も民衆の支持を得ずしては、実効性をもたない。法学者の学的努力と現実への適用力が、民衆の支持を得てはじめて、日々の社会指導のなかに反映されるのである。

このようにイスラームでは、神の代理である民衆を構成する個々の人間が、その任に堪えうるように他の被造物には与えられなかった知性を授かっているのだが、それが地上の支配の根拠にならない点は、すでに述べたとおりである。タウヒードの世界観に照らせば、人間はその知性ゆえに地上で最高位につくという図式はなく、むしろ人間は、その知性をもってリーダーシップを発揮して地上をマネジメントする最大の責務を負っているのである。

人間は、地上に存在する、国家、企業という公的組織や、家庭、個人という私的領域にいたるまで、タウヒード・シャリーア・ウンマの関係によって管理していくことが義務付けられている。企業経営というマネジメントもその例外ではなく、イスラームの信仰体系の一部に組み込まれている。イスラームではビジネスそのものが、イスラーム的な価値のあらわれの一つであり、その方法が示されているのがシャリーアなのである。したがって後述するように、シャリーア・コンプライアンスは、個人に始まり、家庭、社会、企業、国家、そしてウンマにいたるまでの、すべてのマネジメントを貫いている。

イスラームでは、人生そのものが一企業の経営管理のごとくクルアーンに描かれていることがみてとれる。そしてその経営管理は、人間個人の生き方と、地上の代理人に指名されている人間が営む社会のあり方のいずれにも適用されている。人間は自らの個体の経営と、社会の経営、そしてイスラーム共同体（ウンマ）全体の経営のいずれにも責任を負っているのである。また責任と訳されるアラビア語 **mas'ūl** が、〈問う〉という意味の語根 **sa'ala** の受動態であることが示すとおり、責任とは「問いに答える」ことである。[41] まさに説明責任である。ただしイスラームでは、唯一神アッラーは全知全能であるので、神は人間の説明を情報として要するわけではない。神へ回答するという責務は、人間が行動するにあたり、シャリーアに照らして意志と選択をもって行為を行なうことをつ

ねに自覚させるためのものとみなされている。(42)

### ビジネスと倫理

イスラームはタウヒードの世界観にもとづき、聖俗二元論的な世界観を受け入れないため、企業経営やビジネスにおける諸取引に関しても、この信仰箇条は例外ではない。すでに述べたように、イスラームでは商人として活躍していたムハンマドに啓示が下され、そこでは商売に関する指示もなされ、信仰とビジネスは切っても切れない関係にある。

そもそもイスラームにおいては、ビジネスと倫理の関係は、両立するか否か、あるいはいずれか一方を優先し選択するといった問題ではない。ビジネスの成果はあくまでも「倫理的価値の現実的なあらわれ」でなくてはならないことから、その成功は、イスラームの教えの示す倫理的行動をビジネスの場で実践したことの結果であり、またその証でなくてはならない。そして人々もそのように高徳な商人に自分の財を投じ、その財がさらに「神の道に投じられる」ことを望むのである。(43) これが現代イスラーム投資会社への投資にも通じることはいうまでもない。よってイスラーム社会においては、商人、ビジネスマンと、いずれに呼ばれようが、成功のためには人々から篤い信頼を受けられるような高徳さが不可欠なのである。

この点に関しては、聖俗二元論にもとづくキリスト教世界と好対照をなしている。米国社会では、「ビジネスと倫理は、両立しない」「ビジネスマンは天国にいかない」といった、〈ビジネスの非道徳性の神話〉があると指摘されている。(44) その神話を信じる米国のビジネスマンについてみてみると、彼らはビジネスの世界に道徳をもち込むことは適当ではないと考えているという意味において非道徳であっても、それは彼らが不道徳であることを示すことにはならない。

彼らは自分たちを私生活同様にビジネスにおいても道徳的な人間であると思っている一方で、ビジネスと道徳を切り離してしまい、たとえ会社が道徳原則にしたがって行動していても、その動機を道徳的観点からとらえたり公言したりしないという(45)。ここにもあらわれているように、〈思っていること〉と〈行動〉の規範に一致がみられないのである。このような倫理観は、一個人として道徳的であればあるほど、逆に世俗的なビジネスから聖なる道徳的価値を隔離するという意志が働くという矛盾を生み出す可能性がある。

もちろんすべてのキリスト教徒が、ビジネスと倫理を切り離しているわけではなく、なかでもプロテスタントには、この二元性を克服しようという強い意志がみられる。M・ヴェーバーの有名な『プロテスタンティズムの倫理と資本主義の精神』に描かれたビジネス・エートスはその代表であり(46)、また新古典派経済学のA・スミスもD・リカードも近代経済論の構築の源に貧困を救済したいという道徳的動機があったという。さらに三戸公の分析によれば、近代経営学の祖であるF・テイラーの管理論の基礎にも、プロテスタントの倫理と兄弟愛が横たわっている(47)。

だがキリスト教の教えの構造が聖俗二元的であることから、人々は、聖なる禁欲へ向かう磁力と、俗なる貪欲へ向かう磁力の狭間に立たされることとなる。そして禁欲の極では、人々はもっぱら蓄財に励み、それを信仰の篤さの証とするがゆえに他者への配分をかえりみないこととなり、他方、貪欲の極では、精神的にはたとえ貧者に思いやりをもったとしても、行為はまったく別のものとして、享楽と放蕩を尽くし強欲に富をあさることが可能となる。

しかしイスラームは、タウヒード(一化)の存在論に立脚し、精神と肉体、聖と俗は二項対立的ではないので、商行為は聖なる信仰に対立する世俗的行為とはみなされない。また信仰心が篤くなれば商行為から遠ざかる、ないしは信仰の聖なる精神をそれから隔離しなければならないといった必要はまったくない。さらにキリスト教のように原罪もないので、現世を肯定的にとらえることができる。むしろイスラームでは身体的行為を軽んじる者に、霊魂の浄化は望めない。商行為を含む日常の生活行為は、人間の本能的な欲求と必要を満たすという現世的側面に加え、来世に向けて自己を洗練し完成へと高めていく手段、ないしは過程としてとらえられるのである。

## 篤い信仰=公正なビジネス

このようにイスラームにおいては、公正なビジネス行為を行なうことは、篤い信仰そのものであり、それは個人のレベルでは、高徳で有能なビジネスマンとしてあらわれる。ただし一個人の人間が現世において善行を積むことを、あくまで個人の問題としてとらえるのでは不十分とみなされる。すなわち他者との関係においてもそれが実行され、社会のレベル、ひいてはウンマ全体に、公正の確立された状況としてあらわれなければならない。なぜならば人間が存在し生きることは、自己完結的ではなく、その存在因を他者に負い、究極的には絶対的存在である神に負っていることから、一個人の行為は、人間の生活に関わる社会的関係や、それを超えて連関するウンマに向かって開かれていなければならないのである。そしてウンマの指導者が負う責務は、そこで公正が実現するように導くことにある。

商売のもたらす公益の重要性については、預言者の言行にすでにみてとれる。預言者ムハンマドは、神の啓示を伝えるだけではなく、その教えを実践して模範を示し、社会改革を行なった。上述したように、彼の言行（スンナ）は、イスラームの聖典、クルアーンに次ぐシャリーア（イスラーム法）の第二法源となっている。そしてそこにはムハンマドが啓示にしたがって人々に公正な取引のあり方を、個々の事例ごとに指導したことが記録されている(48)。公正なビジネスの指導は、イスラーム共同体において指導的立場にある者がなさねばならない義務の一環であった。それはシャリーアの精神である「善事を薦め、悪事を禁ずる」ことである。

この教えはムハンマドの後継者である正統カリフ自身によっても実践された。第二代カリフのウマルは、市場の公正な取引をシャリーアにもとづいて指導・監督する制度（ヒスバ）の基礎を築き、第三代、第四代のカリフにも引き継がれた(49)。初期イスラーム共同体の記録には、信仰のあらわれとしてのビジネス行為が明確に示されている(50)。そしてイスラームにおける市場監督制度は、歴史上、シャリーアという同一ルールにもとづく市場の発展とコンプライアンスの強化に大きく寄与したのである。

## 自己愛の抑制と解放

人間の経済的動機については、自己愛を抜いては語れない。企業経営の根底にある動機についても同様である。聖俗二元論を基礎とする社会では、人間の生における本能的な自己愛と欲求の満足の問題は、聖なる〈禁欲〉と俗なる〈貪欲〉という二つの極の間を振り子のように大きくゆれながら、行きつ戻りつしている。また他者との関係においては、利己主義と利他主義、個人の利益と社会の利益の間をゆれ、果ては〈囚人のジレンマ〉に陥る。

イスラームでも、私益と公益の対立は現実の問題として生じるが、この対立をいかに和解させ統一するか。この点に関して、バーキルッ＝サドルは次のように説明している。自己愛の本能は、自己保存や快楽への欲求等の、あらゆる本能の源泉であることに変わりはなく、利他主義も英雄的行為も、それによる快楽、利益、満足という観点から、その動機は自己愛にある。よって自己愛の陥るジレンマ、聖と俗の対立、利己主義と利他主義の葛藤を解消するために、イスラームでは、〈神の満足〉という基準が示されている[51]。これは、現世の生活が自己完結的ではなく、来世に向けて開かれていることと関連している。

さらにバーキルッ＝サドルは、神の満足について次のように述べている。

(和解、統一の)第一の形態は、現世とは人間がそこで神を満足させるために試みた努力に比例して、来世での幸福が約束される準備の場であるという現実に関する説明と、その正しい理解の広布に焦点がおかれる。道徳的な基準、あるいは神の満足は、私的利益を確約すると同時に、その偉大な社会的目的を達成するのである。宗教は、人類を導いて幸福な社会の実現に参加させ、正義と関わり、神の満足の獲得に資する事柄を社会に保持するように努力させるのである。これは、この領域におけるすべての行動、活動には最も素晴らしく、偉大な報酬が期待されているだけに、彼自身の利得でもあるのである[52]。

宗教アレルギーの強い日本では、〈神の満足〉という一言によってその理解を拒んでしまうかもしれないが、ここでいう神の満足は、その獲得が「彼自身の利得でもある」というように、人間のこの世での生き方に深く関わり、人間の根源にある自己愛と無関係でも対立するものでもない。その利得は人間の一生をかけて得る長期的なサイクルをもち、かつ物質的利得のみでは完結しないものなのである。ただしここでは短期的な利得そのものを否定しているのではなく、短期的な利得を長期的な利得の観点から算出すること、また短期的な利得を長期的な利得へとつなげていく行為の重要性が指摘されているのである。

神の満足→報酬→自己の利得→……といったサイクルは、神の次元を通過することにより、現実世界における利他主義と利己主義にバランスを与えている。そして中道や均衡の度合を示すバランスの具合は、神のもとに保管されているバランス・シートに記されているのである。[53]すでに述べたように、クルアーンには人生そのものが貸借対照表によって描かれており、ビジネス・マインドに長けた人々に、現世的な利益を超えた来世の利益を示すことにより、現世の有限性を説いている点は、きわめて興味深い。自己愛と金欲にうずもれかねない経済行為の領域において、自己犠牲とは別の方法で自己愛を超える論理は、きわめて重要である。

神の満足を得られる状況とは、現世に公正と正義が打ち立てられている状態にあり、それは〈中道〉〈均衡・調和〉に見出される。[54]これを言葉でいうことは容易だが、現実には、ムスリムの優等生ばかりが集まっているわけではなく、また、たとえ志は高くとも、それが実現できない場合もありうる。イスラームでは、頭ごなしに理想を掲げて人間にそれを強要するのではなく、人間の弱さ、不完全さ、自己愛を前提に、それらを取り込み、さまざまな角度から、さまざまなタイプの人間を教育しながら、完全なかたちの現実へと導いている。たとえ善意が動機にあるにせよ、正しい道を進まねば、善意が結実するとは限らない。そこでは善き意志の結実としての公益への到達が重要であり、まさにそこへたどり着く〈道〉がシャリーアなのである。観念的な価値判断にとどまるのではなく、具体的な行動のプロセスと公正な結果を重視することが、後述するシャリーア・コンプライアンスの真髄である。

### 所有欲の抑制

このようにイスラームでは、シャリーアはさまざま人間を想定して包み込んでいる。イスラームにおいても「足るを知り、慎ましく生きること」は、模範的とされ尊ばれるが、むしろ人々がその模範に向かって努力するプロセスと意志を重視する。他方、強欲さを節度によって抑制できない者にも、現世の有限性、およびそれにまさる来世の栄華を示すことにより、現世の欲を抑制させる仕組みが用意されている。強欲者も来世の富に思いをはせる結果として、現世で獲得した富を社会に自ら進んで還元していく。イスラームは、禁欲を強いて欲望を抑圧するのではなく、私的な欲望を公益へと転換していく道筋を示している。

このような動機は計算高くて宗教にそぐわないという感じを受ける向きもあるかもしれないが、それは聖俗二元的な観点から宗教をとらえるゆえの印象であろう。イスラームではこの勘定の機知も能力も、人間の重要な能力であり、神の創造の枠内にある。人間があわせもつ強欲さ、貪欲ささえも来世のレベルに向けられることによって強い意欲とエネルギーとなって現世で活用され、その結果、現世の行動としては、貢献や寛容、慈悲としてあらわれる道筋がイスラームには設けられている。この転換を可能にするのが、シャリーア・コンプライアンスの実践なのである。

イスラームによれば、人間の所有欲をめぐる葛藤は、人間が創造されてまもなく生じており、それは最初の人間であるアーダムの二人の息子、カインとアベルの兄弟の物語に示されている。神が農夫カインと牧人アベルの両者にそれぞれ犠牲を捧げるように命じた時に、アベルが最高の羊を捧げたのに対し、カインは干上がったトウモロコシを献上した。世界に存在するものすべてが、神の所有のもとにあるという認識が確固たる信仰に支えられていれば、自分が所有しているかのように思えるトウモロコシも羊も、すべて神の所有物であり、神から受けた贈与である。もしくは委託物としてその使用が認められただけである。神への献上という行為は、神からの贈与に対する返礼、もしくは神からの委託物を神のもとへ還すことにすぎない。だがカインのように、自らの所有欲のために献げ物を惜しむことは、万物の所有者がその創造主である神であることを忘れている証拠であり、神に対する恩を忘れ、神を畏れていない不遜な態度とみなされる。

さらに兄カインは弟アベルを殺害するにいたるが、シャリーアティーは、このテキストを人間のもつ二面性の観点から次のように解釈している。(55) 彼によれば、クルアーンに記されたこの逸話は、単に兄弟殺しを戒めるといった皮相的な意味にとどまるものではなく、アベル殺害の時点において、社会がカイン的な人間が支配する社会へ転換したことを示している。アベルの社会では、牧畜、狩猟、漁業などを生業とするなかで生産手段を共有して協業し、同胞愛を基盤とする共同体が築かれていた。しかし、他方、カインに代表される社会は、農業による生産体制を中心にすえ、そこで人間は、もはや必要のために大地に働きかけて生産し消費することでは満足しなくなり、より多くを所有したいという所有欲のために生産に従事するようになる。このようにカインとアベルの物語は、土地や労働力などの生産手段を独占しようという欲望が、人間社会を覆ったことを示しているのである。シャリーアティーは、その後の人間社会がカイン的な性質を受け継ぎ、所有欲と支配、独占、競争が社会のなかで渦巻き、現代社会にみられるように、持てる者と持たざる者の支配関係が横行していると指摘する。だがカインもアベルと同様、アーダムの本性を受け継いでいることから、カイン的な性質をアベル的なものへと転換することは可能であり、そのために各人は革命的な自己改革を行なうことが必要であると訴えた(56)。

聖書やクルアーンには、カインとアベルの他にも、さまざまな人間モデルが示されている。カールーンは、自らの財力に対して謙虚であることを忘れ滅ぼされた者の代表である。カールーンは旧約聖書においてコラといわれているが、彼はモーゼのおじで、美貌と知識を誇り、さらに巨万の富を築く幸運に恵まれた。しかし蓄財は自分の能力ゆえ当然という不遜な態度をとり、その結果、アッラーによって屋敷もろとも地中にうずめられてしまう(57)。ここでの問題はカールーンが富を築いたこと自体よりも、むしろそれを可能にした自分以外の力の存在、つまりアッラーを否定し、傲慢不遜に振舞ったことにある。

アッラーを信じないということは、当然、来世への報奨も意味をもたず、現世の権勢がすべてとなる。その結果、驕り高ぶった者の富は人々に分配されることなく蓄財され、権力の源泉となる。

このような態度は神の代理ではなく、神に成り代わったことの証とみなされ、滅ぼされる運命をたどるのである。したがってイスラームでは、所有や利益の獲得方法だけでなく、その後の配分、共同体への還元も、それらに比肩する重要な事項となっている。

# 第2章
# シャリーア・コンプライアンスの基本事項

## イスラームにおけるガバナンスとコンプライアンス

イスラーム金融の拡大とともに、そこでのコンプライアンスを示すものとして、〈シャリーア・コンプライアンス〉というタームが新聞紙上でも散見され始めた。シャリーアとはイスラーム法を指すアラビア語であるが、単にコンプライアンスではなく、あえて頭にシャリーアとつける背景には、その法が欧米の近代法と異なるという主張がみられる。

このコンプライアンスのなかでも注視されるのが「イスラーム=利子の禁止」という項目である。しかしこればかりに目を奪われると、イスラーム的なビジネス・モデルの全体像はつかめない。確かに利子の禁止は、資本主義と鮮明な相違を示す一つの側面ではあるが、他方、「利子さえ取らなければイスラーム的である」というものでもない。アリストテレスも利子の禁止を唱え、キリスト教も一五世紀頃までは徴利を禁じており、何もイスラームだけが特異なのではない。むしろ利子の徴収がグローバル・スタンダードとなってもなお、ムスリムが利子を肯定せずに利子回避の方法を模索し続ける動機や、その合理性を明らかにすることが重要である。そのためには、シャリーア・コンプライアンスの意味そのものや、利子禁止以外の項目の検討が必要である。

経営学において用いられている企業統治（ガバナンス）と法令遵守（コンプライアンス）の関連はその対象を企業内関係とするが、イスラームにおいては、企業によるガバナンスは、地上統治の代理人としての人間が行なうガバナンスの一環である。イスラームでは人間に対して地上の統治が神から委託され、人間は神の代理人として、あらゆる事物と事象を管理する義務と責任を負っている。地上統治の目的は、公正の確立であり、その実現のために政治や経済、経営、教育、家庭等、公私にわたる諸分野において、人間はさまざまな行為を条件付けられている。シャリーア・コンプライアンスは個人、社会、企業のそれぞれの行動がシャリーアによって一貫していることを前提とすることから、私的な〈私〉、公的な〈私〉、企業経営をする〈私〉、非営利的領域に関わる〈私〉の行動すべてが、同じ価値観のもとにある。経済も経営も社会に埋め込まれ、かつ私的領域と地続きなのである。

イスラームでは、ガバナンスをつかさどる人間はあくまで〈神の代理〉であることを自覚しなければならない。ここでの代理とは、神の権力を笠に勝手気ままに権力を振るうことではなく、人間の力を絶対視せずに、神の代理として公益に資する行ないを実践していくことである。「自分の能力で稼いだものを、どうしようが自分の勝手」といった傲慢さは厳しく禁じられている。ムスリムが唱和する「アッラーフ・アクバル（神は偉大なり）」という一節は、実はここにたどり着くものである。この讃辞は、イスラームになじみの薄い日本ではなかなか理解されにくいが、この真意は、人間の力を絶対視しないことにつながっている。これはタウヒードの世界観に支えられたものであり、神への服従は、翻って、「他の存在者を尊重する」「全体のなかの一部としての自己の存在を認識し行動する」「他者や自然を支配するのではなく共存と調和を保つ」という行為になってあらわれるものなのである。

ビジネスや企業経営という行為も同様であり、自然に対立し、他者を支配し、公益を無視するようなマネジメントは、イスラームでは受け入れられない。イスラーム的経営における社会的責任は、後から取ってつけたような代物ではなく、マネジメントの一挙手一投足に組み込まれているのである。そしてそれが具体的にあらわされているのがシャリーアであり、その独自性を示すために、イスラーム圏ではあえてシャリーア・コンプライアンスと呼んでいる。

経営関連のシャリーア・コンプライアンスの基本事項は、(a)財の獲得と所有の方法、(b)財の増殖方法、(c)財の使用・処分・分配の方法に大別することができ[1]、その三領域において具体的な禁止と義務・奨励が記されており、すべてが社会的公正の確立という目的に収斂している。

## (a) 財の獲得と所有について

**複合的な所有の形態**

イスラームでは万物に対して絶対的な所有が神のもとにあり、人間は地上において神の代理人として神の所有物の活用を託されている。神の絶対的所有は現実レベルにおいて、公的所有と私的所有に大別される。そして公的所有がさらに国有と公有に分けられ、国有、公有、私有という三つの所有形態をとる。イスラーム的な所有の特徴は、この三つの所有形態のいずれか一つで説明されるものではなく、それらが互いに複合的、相補的に機能している点にある。[2] そしていずれの所有においても、財の使用責任を自覚しなければならず、〈責任をともなう所有〉が大原則である。[3] よっていかなる財も組織も、固定的に国有、公有、私有が定められているのではなく、三形態がどのようなバランスを保つことによって社会的公正がもたらされるかという点が重要であり、それは歴史的・社会的背景や法解釈によって異なってくる。

**公的所有①＝国有**

国有の原則は、公益に資するように国家が管理・監督する責任をもつことであり、国家は資源の有効利用の最大化と所得配分の格差の最小化に努めなければならない。[4] 国有に求められることは所有における公共性の確保にあり、生活のためにすべての人が必要とする資源や活用されていない土地は、国家の所有となる。[5] その対象としては、海洋、河川、湖沼、山、森林、放牧地、鉱物資源、荒野、死地が含まれる。[6] 後に述べるように、シャリーアでは自らの労働によって開墾した土地や採掘した鉱物の四分の三について私有が認められる。ただし、初期イスラームの時代とは国家形態が異なり、金銀、石炭、石油、希少な鉱物の価値が大きく変化した現代では、国有か私有かの法解釈が社会状況に応じてなされることとなる。この場合においても、公共性が損なわれずに所有・活用されることが必須条件である。

土地の所有については、特に社会的責任が大きく問われることから、適切な活用がなされていなければ、その所有は認められない。たとえば地主が不在で死地となって活用されない土地は国家によって没収される。また土地ころがしのように土地そのものを商品化し売買したり、仲介手数料を得ることなども禁じられている。

また預言者は土地の貸借を禁じた。そして同時に、収穫を地主と小作との間で一定の比率で配分し合う共作の契約や、農作業の補助のための賃金労働を導入し、農業の開発を進めた。その結果、個人で活用し切れないほどの広大な土地を所有したところで、何ら利益につながらなくなり、不在地主たちは預言者の求めに応じてその所有をあきらめ、有効利用できる他者に所有権を移転した。そしてこのような準備を経て、預言者は商業の活性化のためにマディーナ周辺の零細な市場を統合して中央市場を創設し、そこではすべて免税とした(7)。

組織、企業についても、国有、私有のいずれも可能であるが、その選択の際、効率性や営利性の最大化の観点よりも、社会的公正の最大化にどちらが資するかという観点が重要となる。ビジネスは原則自由だが、ここでも社会的公正の確立に寄与している限りにおいてという条件付である。たとえば、国家は独占的なビジネスや不当な価格操作に対しては強制介入し、公正な市場と取引を回復する責任と権限をもつ。また大規模基幹産業や交通、金融、通信・メディア、貿易などについても国有か私有かの分岐点は、社会的公正の最大化にかかっている。

ただし社会的公正の最大化のために国有と私有のいずれが望ましいのかについての判断は、きわめて難しいのも事実である。たとえば一九七九年の革命を経てイスラーム共和国となったイランでは、革命の混乱を収拾しイスラーム経済体制を築くために、金融や貿易について国有化の方針が打ち出された。しかしイスラームの観点からこの国有化法案に対して反対意見が出され、国有化推進派と私有支持派が鋭く対立した。いずれの根拠もシャリーアにあった。貿易については当初、輸出入の全面国有化の法案が国会を通過したが、イスラーム護憲委員会で、シャリーアとイラン国憲法の双方の観点に照らして非合法と判断され、国会に差し戻された。その理由は、私有をまったく認めない国家独占はイスラーム法に反するというものであった。結局、修正法案では輸入品の五分の一が国有化を免れ[8]、その比率は低いものの、輸入における私的ビジネスの撤廃は、シャリーア・コンプライアンスによって回避されたのである。

## 公的所有②＝ウンマ所有

公有は、狭義としては協同組合的な所有を指し、広義としてはウンマ（イスラーム共同体）所有を指す。特にイスラーム圏にダイナミズムをもたらしたのは、ウンマ所有であり、この存在によってイスラーム圏が今日まで実体を保っているといっても過言ではないだろう。ウンマ所有は、前章で述べた「財は民衆に属する」という側面をあらわすが、ウンマが所有する資産は、時の権力者でさえ手のつけられないものであった。

国家とウンマの統治がほぼ同一であったイスラームの勃興時には、国有と公有はほぼ同義であったが、以後、版図が拡大し、世襲的王朝が出現し諸王朝が割拠状態となるなか、さらには近代以降の列強諸国による植民地政策や近代国家の形成により、非イスラーム的な統治とイスラーム的な社会システムが並存した後は、この公有の概念が一層重要な意味合いをもつようになった。特にウンマ所有の公共財に対しては、国家が監督を口実として、民衆が財に対してもつ公的な権利を奪取することは許されない。

その多くは、後に説明するザカート（喜捨）やワクフ（寄進）によって構成された。ウンマに拠出された資金や土地が、モスク、学校、病院、道路、バーザールなどの公共施設の建設や貧者や孤児救済に用いられ、その管理はモスクが行なった。モスクは集団礼拝の行なわれる場であり、ウンマ全体の連帯の結節点でもある。これらの公共財は、国家に管理されない、自立した公共空間と公共性を人々にもたらした。それはモスクのネットワークによって具現化された。ウンマが個別国家を超えて一体性を保ち、それがユートピアとしてではなく実体のある存在となりえた一つの要因は、モスクを中心に管理される、これらのウンマ所有の資産とその運用ゆえである。

## 私的所有

私有は限定的で、条件付である。私有には、あくまでも民衆に委ねられた地上における代理人の使命を果たすためという目的があり、所有そのものが目的でない。その条件とは、所有の目的に対する自覚があり、それに準じて私有財を有効活用できる能力と責任をもち合わせていることである。私有は、代理を遂行するための〈一つの手段〉であり、私的とはいうものの、社会との公的なつながりをもつものである。私有財を自分の必要の範囲を超えて活用できる能力、資質を授かることは試練とみなされ、絶対的権利、本来的権利という性質は付与されていない。(9)したがってイスラームは、所有の多寡によって人物の価値をはかり、社会的価値と結びつけたり、応対に違いをみせたりすることを禁じている。(10)

シャリーアにおいては、初期イスラームの時代から以下に示すものは私有財と認められた[11]。

(1)　狩猟や漁業における獲物。これには真珠や珊瑚も含まれる。

(2)　開墾地、ないしは利用可能に整備した死地。ただし土地を開発した後、三年間それを継続的に利用し、公益に資することを社会に示す必要がある。その間に適切に利用されなかったり、放置されたりした場合には、その土地はウンマに帰属することとなる。

(3)　掘削などにより取得した地中の鉱物。石油、石炭、金、銀、鉄、銅などが含まれる[12]。個人的に採掘の許された鉱物を採掘した者は五分の四に対し私的権利を有し、残りの五分の一は、ザカートとして喜捨する[13]。原則として、社会的性質をもつ鉱物について、個人が所有することは認められていない。ただし個人が採掘して金の鉱脈を発見した場合、その発見した金鉱石を限定的に私的な所有物とすることは認められる。しかし鉱脈そのものを所有し、排他的に利用することは認められない。また個人ではなく、私企業が探査の努力を払って地中深くに鉱物を発見し採掘したとしても、その所有は認められない[14]。

(4)　戦利品。「戦争で得たいかなる物も、五分の一は、アッラーと使徒そして近親、孤児、貧者、そして旅人に属することを知れ」［第八章四一節］というクルアーンの聖句にもとづき、戦利品からはフムス（五分の一税）を差し引き、その残りを私有することが認められる。

(5)　労働報酬として受け取った賃金。イスラームでは、賃金は正当な労働対価として認められ、雇用者は被雇用者に対して正当に報酬を支払わなくてはならない。それを行なわない者は、アッラーに敵意のある者とみなされる。この点に関しては、預言者の言行として次のように伝承されている。

「アッラーはいわれた。『復活の日、わたしの敵となるのは以下の三種の人間。わたしの名において与えることを約束しながら、それを果たさない者。自由人を売りとばして、その金を食らう者。人を雇って思う存分働かせながら、賃金を払わない者』[15]」。

また報酬は遅延なく支払われなくてはならない。これはその賃金が家族の生活の維持のために必要であるばかりでなく、賃金を受け取ることにより、働いた者が自らの労働の価値と社会における位置を確認できるからである。

(6) ウンマから譲り受けた土地。これには、新たにイスラームによって平定された土地、未墾地、死地、いったん開墾されたものの開墾者が三年間、管理維持できずに、ウンマに返還された土地が含まれる。これらの土地は、正統カリフ時代が終わるまでは、ウンマに貢献した者やその土地を必要とする者に譲り渡されていたが、ウマイヤ朝以降は、カリフの近親者へ分配されるようになった。

(7) 事業利益。これまでに指摘したように、イスラームでは商売は重要な行為の一つであり、シャリーアにおいて認められた方法で、正しく得た利益には私的権利が認められる。利子収入や賭博による収益は認められていない。シャリーア・コンプライアンスは、生活全般にわたる行為を対象としていることはすでに述べたが、次章で取り上げるビジネスにおけるシャリーア・コンプライアンスは、この部分と深い関わりをもつ。

(8) 困窮者、負債者、旅人などが必要に応じて受ける資金援助。イスラームでは、できる限り自力で生計を立てることを推奨しているが、その能力に生来欠けている者や、生計を立てる道をもたない者に対しては、生活の必要上、援助を受けることが認められている。この援助は個人間ではなく、人々がアッラーに投じた喜捨を、アッラーからの恵みとして受けるというかたちがとられる。ただし怠惰から働かない者は、その対象外であるばかりでなく、無為のまま時間を喪失し何ら公益にも貢献しようとしないことによって、イスラームでは厳しく批判されている(16)。

またいかに困窮しようとも、窃盗や略奪をすることは厳禁である。そのような事態に陥らないためにも、喜捨が重要な役割を果たしている。

(9) 遺産相続にて得た資産。イスラームでは、クルアーンにおいて遺産相続の配分方法が定めてある。まず遺産から葬儀費用を差し引いた後、債権者に対して負債を返済する。その残りの三分の二を法定相続人である、両親、配偶者、子どもたちがクルアーンに定められた比率にしたがって相続する。最後に残る三分の一については故人の遺言が認められ、自由に相続人を定めることができる。この相続の方法では、家族の利益と故人の遺志、そして社会的な利益のバランスが考慮され、資産が特定の個人や家族に集中しないように配慮されている(17)。

イスラームでは以上の資産が合法的な私有財として認められているが、別の角度からシャリーアに照らして私有が合法か非合法かを判断する基準は、〈労働〉と〈必要〉を根拠とするか否かにある。

**私的所有の根拠①＝労働**

イスラームにおける私有の根拠は、預言者ムハンマドの時代から現在にいたるまで一貫しており、それは「富の配分形態は、労働と必要という主要な要素から成り立つ」という原則にある。[18] 労働を私有の前提とする見解は、イスラームの根幹をなすことから、諸学派において共通である。まず私有の根拠としての労働についてみてみよう。

ここであらためて確認すべきなのは、イスラームにおける労働とは、所有と報酬に直結する行為のみを指すのではないということである。労働と訳される'amalという語は、クルアーンに広くみられ、三六〇の聖句に登場するというが、[19] それらは経済的活動のみではなく、シャリーアの実践である善行すべてを指している。

「各人には、その行なったことに応じて種々の段階がある。これはかれが、行為に対して（完全に）報われるためで、決して不当に扱われることはない」［第四六章一九節］という聖句からも明らかなように、人間は存在価値において等位に創造された一方で、来世的な価値につながる自らの価値を、現世における自らの行為によって決定することとなる。[20]

したがって、労働の価値が商品の再生産に必要な労働時間によって規定されるものでもなければ、「労働が売られないならば無に等しい」というものでもない。[21] 経済的報酬を受ける労働も、非経済的な行為も、ウンマの公益に資するという最終の目的にいかに貢献したかという点が重要なのである。後章で検討するように、イスラームにおける協業関係を規定するシャリーアは、労働の商品化を極力回避するようにさまざまな契約を定めている。また市場価値をもつ労働の優位性を認めないため、それによって生じるシャドー・ワークの領域もない。労働の価値を論ずるならば、それは市場価値ではなく、ウンマの公益への貢献度によってはかられるものであり、個々人の現世における貸借対照表の収入に反映されるものなのである。

バーキルッ＝サドルが労働を私有の根拠としてあげている点について、今村仁司は、近代西欧思想の労働価値説と比較し、〈労働の直接性〉が決定的に重要である点を指摘して、次のように述べている。「この概念は、理論的には、存在論的概念というべきである。宗教、法、経済のなかで、『直接性』の概念は常に優位に立つ。人間と自然、人間と人間、人間と神、これら三つの連関を特色づけるのも、『直接性』である。直接的関係が、人、自然、神を根本的に律しているのである。これがイスラーム的特性であるというべきではないか」[22]。そしてバーキルッ＝サドルが徹底して展開するリプレゼンテーション批判を、労働の直接性のあわわれとみなしている。

近代のビジネスは、代理、代行の範囲を広げることで発展してきたといっても過言ではない。代理母までが出現する現代にあっては、この〈直接性〉ということをあえて強調しなければならないほど、労働が多岐にわたり、労働主体とその成果の受取り手の乖離が大きくなっている。しかし他方、イスラームでは、すでに述べたように、代理関係はアッラーと人間（民衆）の間で直接交わされたものであり、その他の代理は認められていない。神の代理を遂行するには必ず、具体的行為とそれに対する説明責任をともなっているのである。これが、「īmān（信仰）と'amal（行為）は、根と木の関係にある」といわれるゆえんである[23]。

労働を私有の根拠とすることは、人間の本性を抑圧しないことにもつながっている。労働の能力と意欲に恵まれた者は、互いに競い合い、その能力を発揮し、成長させることが可能である。そして個人の必要分を超えても、労働の成果を私的に所有することが許されるのである。この点に関し、バーキルッ＝サドルは、次のように述べている。「要するにイスラーム的観点から述べれば、労働は労働者が自分の労働の成果を所有するための原因である。労働を基礎とした私有は、人間が自分の労働の成果を所有したいという本性的な傾向の現われであり、そしてこの性向は、自ら労働を支配したいという人間なら誰しも持っている感情と対応している」(24)。

ただし再三指摘しているように、所有そのものは目的ではなく、あくまでも手段である。能力があればあるほど、その成果の私有の根源、すなわちアッラーに対する恩を忘れず、その私的権利を用いて私益にとどまらずウンマに公益をもたらすための行為を実践するという、次の責務が待っている。それが、後述する(c)財の使用・処分・分配の方法につながっていくのである。

### 私的所有の根拠②＝必要

いま一つ私有の根拠としてあげられているのは、必要である。その必要の度合によって人々は、次のように分類される(25)。

第一グループは、天賦の資質や知的能力、身体機能、気力、活力等に優れ、それによって豊かな生活を送ることが可能である。彼らの私有の根拠は、もっぱら労働である。

第二グループは、労働はできるが、それによって生活に最低必要なものしか生産できず、生きるために必要なものを維持するのに精いっぱいである。他方、生活向上の必要に応じて、ウンマは彼らに富を配分する。よってこのグループの私有の根拠は、労働と必要の両方である。

第三グループは、身体的、知的、精神的に障害があり、労働につくことができない、あるいは、たとえ労働しても自らの必要を満たす成果を上げられない。彼らの私有の根拠はもっぱら必要であり、その生活は全面的にウンマからの富の配分によって保障される。

ここで重要なのは、労働と必要が所有の根拠として等位にあり、労働が優位にはない点である。経済的利益を受けられる労働は、労働のなかの一部を構成するにすぎず、さらに労働も信仰を具現化する行為の一つにすぎない。

そして必要についても、二つに分類される。その一つは、「歴史的変遷にとらわれない基本的側面」であり、いま一つは「環境、状況に応じて改新、発展する側面」である(26)。前者は基本的な必要で、人間の身体的機能と関連し一定であるが、後者は副次的なもので、人間の社会的経験が増え、複雑になるにしたがい刷新される。社会制度もこの必要に対応し、〈基本的に確定した部分〉と、〈発展、変化する余地のある部分〉からなり、それらはシャリーアの規定に反映されている。

## 必要と欲求のバランス

このように必要は可変的な部分を含み、それは人間の欲求と深く関連している。ただし人間の主体的衝動にもとづく欲求を全開させると、必要と欲求のバランスは崩れ、欲求が独り歩きする状態となる。イスラームに限らず、それをコントロールしてきたのが、宗教や社会慣習によって示された倫理観であるが、政教分離がもたらされたキリスト教社会においては、人間の欲求そのものに変化がみられるようになる。

上田辰之助は、B・マンドヴィルの『蜂の寓話』から、一八世紀当時のイギリスにおいて充足感をめぐって大きな変化があったことを読み取り、この一連の変化には経済史の重要な部分が含まれると指摘している。それによれば、comfort の語の本義は精神的な慰安であったが、その〈慰安〉は精神的な領域から経済の領域にまで広げられ、生活を感覚的に楽しむ条件に適用されるようになった。そして抽象的な comfort から comforts すなわち amenities of life(生活の悦楽)へと発展し、comforts はさらに conveniences(利便さ)へと進展していき、やがて生活必需品(necessaries of life)という一般的項目のなかに繰り入れられた(27)。そして一九世紀にはもはや「必要だから入手する」のではなく「他人が欲しがっているから、私も欲しい」というように、必要と欲求は遊離し、その結果、願望の対象となったものには希少価値が発生するという過程が築かれたのである(28)。

西欧キリスト教社会におけるこのような状況は、精神と物質のバランスを取るかたちで生じたのではなく、政教分離によって精神性の極から物質性の極へと振り子が大きく振り出された結果生じたととらえることができる。これは、宗教戦争やその後の生産力の向上がもたらした社会変化に対して、キリスト教社会が示した固有な反応である。ところが本来、キリスト教社会に固有であったはずの倫理的制約を受けない、飽くなき欲求が、まさに独り歩きして植民地主義を通じて世界に拡大した。植民地政策のもと、個々の社会が有した倫理観を排して西欧的な近代化が優先されるようになったのである。

このように非西欧社会も近代化の大波に見舞われ、世界的規模で倫理と社会が遊離し、社会は物質的充足へと急速に傾斜していった。そして合理性の名のもとに、欲求の充足度は数量的に把握されるようになり、経済サイクルの中心にすえられるようになったのである[29]。そこでの必要は、欲求の充足度を最大化することから逆算され、欲求そのものも創出されることとなった。現代の消費社会では、人々は〈ひたすら消費を欲する欲求〉の渦に巻き込まれている。つまり、消費のための消費が延々と続く、またそれが続かなければ社会が維持できず、人々も生きていけないような構造をつくり出すこととなった。そして〈欠乏に対する恐怖〉がさらに消費に拍車をかけ、必要と本源的欲求はますます乖離しているのである。

## 消費への欲求に対する批判

資本主義社会では、成長経済を支えるために消費が不可欠となり、消費の低迷が死活問題となるような構造に転換されている。また消費スタイルは、個人のアイデンティティーの核を形成するほどに重要なものとなっている。現在、消費への飽くなき欲求のサイクルがもつ問題点は、資本主義社会の内部においても多く指摘されているが、このような欲求の創出や消費志向的な経済に対しては、イスラーム的観点からは以前から厳しい批判が浴びせられていた。

M・ターレガーニーは、すでに一九六〇年代に、資本主義がもたらした消費社会を、偽の欲求と抑圧的な不当利益によってもたらされたと痛烈に批判している[30]。偽の欲求を発露する真の主体は人間ではなく、経済システムそのものである。それは喉の渇きから水を欲するような基本的欲求でもなく、生活に潤いをもたせたいというような副次的必要でもなく、さらには享楽のための消費ですらない。そのような社会では、消費が目的化し、対象に関係なく消費そのものが意味をもつようになっている。

他方イスラームでは、無意味な消費はもちろんのこと、あらゆる資源を経済資源に転化して消費の対象とすることを禁じている。[31] 何を売買の対象とするか、購入の目的、利用もシャリーアに照らして有効であるか否かが問題となる。そこでは個人の必要、社会の公益という目的が明確でなければならない。したがって、売れるものは何であれ売る、火のないところに煙を立てるがごとく、必要のないところに消費ブームを巻き起こすようなビジネスを、シャリーア・コンプライアンスは受け入れないのである。

## (b) 財の増殖について

### リバー（利子）の禁止

イスラームでは、シャリーアに則して正当に得た財を私的権利として投資したり、消費したりすることは許されているが、その際にもシャリーアを遵守しなければならない。財の所有者はそれを運用して増殖する自由を有するが、その際の基本は、直接的であれ、間接的であれ、他人に損害を及ぼしたり、他人の権利を侵害したりしないことである。よって、生活必需品や金銭の退蔵、利子の徴収、詐欺、賭博、投機、賃金の搾取、労働者に対する虐待などから得た利益は、シャリーアでは禁じられている。[32]

また交換という行為そのものが価値の増殖をもたらし、市場を占有しないように、厳密な指示がシャリーアに示されている。なかでも重要なのは、リバーに関する解釈である。〈リバー〉は、日本語では利子、英語ではusuryないしはinterestと訳されるが、その意味範囲は広く、〈増殖する〉〈獲得する〉という意味を含む[33]。

具体的にリバーは、次のように、ジャーヒリーヤのリバー、信用貸しリバー、余剰リバーの三つに大別される。

ジャーヒリーヤのリバー（ribā al-jāhilīyah）は、イスラーム登場以前（ジャーヒリーヤ）の慣行であった利子全般を指す[34]。延滞などを理由に貸付金に対して賦課される割増金や、返礼がそれに相当する。これらは不如意な同胞に対して貸し手の徳の無さ、強欲さをあらわすものでもあった。このようなリバーの禁止については「信仰する者よ、倍にしまた倍にして、利子を貪ってはならない。アッラーを畏れなさい。そうすればあなたがたは成功するであろう」［第三章三〇節］というように、クルアーンにおいて明示されている。また預言者の言行においても貸付利子や返礼がリバーとみなされ、後代には債務者に食事の饗応を受けることもリバーに当たるとの法的見解が示されている[35]。

信用貸しリバー（ribā al-nasī'ah）は、現代の私たちが慣れ親しんでいる日割りや年利による利子であり、時間の経過に応じて貸金が増える、すなわち時間が貨幣との交換の対象になるというものである。これはジャーヒリーヤのリバーをさらに分節化したものととらえられる。信用貸しリバーは交換の時期を引き延ばすことにより生じる利得であることから、ここでは交換の同時性が強調される。たとえば卵二個を今日借りて、翌日に卵を三個返した場合、増えた卵一個はリバーとなる。交換する場合は、双方の立ち会いのもと、現物を即時に交換しなくてはならない。このような物々交換においても、時間とともに新鮮さ、有用性などに関し物品の劣化があるという点や、遅延を利用して詐欺などが生じる可能性などを考慮して、即時性が強調される。[36] また貨幣と商品の交換である売買取引においては、貨幣がもつ価値の蓄積機能により、リバーの発生の可能性は一層高くなることから、掛売買、ローンなどの取引は禁じられている。[37]

余剰リバー(ribā al-faḍl)は同種で同量(分量、重量で測定可能なもの)である二つのものが、交換の結果、一方が増量されたことで生じる増加分を指す。これは純増とみなされ、このリバーの禁止は、スンナ(預言者の言行)から導かれている。そこでは金、銀、小麦、大麦、塩、乾燥ナツメヤシといった、六品目が対象となっている。[38] いずれも預言者の時代には、貨幣と同様の交換の媒介機能を有する物品であった。

この六品目は、重量や分量によって価値が決定され、交換時にその重量や分量を通じて、交換比率の客観的な基準となりうること、すなわち貨幣と同様の機能をもつことから、それらの交換には預言者が厳格な指導を行なっている。たとえば、有名なスンナでは、一サーア(果実・穀物等の計量単位)の上質な乾燥ナツメヤシを入手するために、それよりも質の劣る二サーアの乾燥ナツメヤシを差し出すことを禁じている。[39] そして、まず等級の低いナツメヤシを市場で売って金に換え、その金で上質のナツメヤシを買うことを預言者は命じている。[40] 七世紀においてすでに貨幣を媒介とする交換経済が成立していたのである。

価値を代替する貨幣機能をもつ六品目は、他のモノの価値を代替し交換比率の客観的基準となりうるが、それ自体の価値は、重量としてあらわれる実体以外を認めないことが明確に示されている。一サーアの実体をもつナツメヤシは、あくまでも一サーアのナツメヤシとしか交換できない。これは存在価値の等位性を分量・重量によって示している。しかしその一サーアが二倍の価値に変容する過程には、ナツメヤシを重量の部分(実体)と形状や味などの質の部分に分離して後者をナツメヤシの価値に転換し、それが存在価値に組み込まれたことを意味している。したがってこのような存在価値の等位性に反する交換を回避するために、交換価値を代替する貨幣としてのナツメヤシを、交換対象そのものとする場合には、預言者は、まず等級の低いナツメヤシを市場で売って金に換え、その金で上質のナツメヤシを買うことを命じている。

存在価値が同じであるはずのナツメヤシが、交換の対象となったとたん、その本質の相違が存在価値に組み入れられ、その違いによって一サーアから二サーアに直接の交換で増えることは、まさに自己増殖である。よってもしナツメヤシを選別し差別化し商品として交換の対象とする場合には、金などのその他の貨幣を媒体として交換することが勧められているのである。その場合、無選別のナツメヤシと選別されたそれとの価格差は、選別の労に対するコストとして、また品質の違いによって生じる価格差は、質の相違としてあらわれた、育成にかかった労働投入量の相違として算出される。

ここにおいても、アッラーによって保証されている存在価値としての等位性というタウヒードの存在論が反映されており、本質から算出された使用価値を、存在価値そのものに組み入れることを阻止している。

金についてみてみると、一層、実体的価値と重量の関係が明確になる。イスラームでは、金塊も、鋳造された金貨も、そしてアクセサリーなどの金の加工品もすべて、重量でその価値がはかられる。ある種の刻印や加工がなされただけで金貨の価値が倍増するということは認められない。刻印という シンボルが、限りなく膨張可能な象徴的価値を生むことは許されないのである。刻印や加工によって増加するのは、加工費という実際の手間に対するコストのみであり、それを金の重量価格に上乗せし売ることを認めるか否かについても法的見解が分かれるほど、自己増殖の可能性に対して厳しい査定が行なわれる(41)。

現代においては、慣習上、分量・重量で計量されてきたものは、このリバーが生じる対象とされる。したがって重量ではかるものは同種・同量を交換し、分量ではかるものは、乾燥状態の同種・同量を交換するのが原則となっている。またここで重要なのは、交換は、相対のスポットでなされ、時間差があってはならないことである(42)。他方、代替機能がないモノに関しては、同量で交換せずともリバーとはみなされない(43)。具体的には、重量ではなく個数で数える卵や長さではかる布地、また個別的で代替不可能なもの(家畜、絨毯、家具、土地、森林、家屋など)は、たとえ同種のものを異なる個数や長さと交換しても、リバーとはみなされない。よって二頭の羊と三頭の羊を交換しても、また五メートルの生地とそれと同じ生地六メートルを交換しても問題はない。なぜならばこれらには、価値を代替する機能がないので、交換による価値の増加はないからである。ただし同時に相対のスポットで交換を行なうという条件は、分量・重量による交換の場合と同様であり、時間差があってはならない。

**差異は利潤を生まない**

近代的市場の観点からは、同種・同量のモノを即時に交換して何も価値が生まれないのでは、まったく意味がない。だがイスラームでは、この〈無意味化〉がきわめて重要な意味をもつ。他方、近代的市場においては、交換が利潤を生むためには、同種・同類のモノであっても何らかの差異を発見しなければならない。そのために際限ない分割が繰り返され、その分割された部分が使用価値に転換され、貨幣による代替を経て交換される。このように近代的市場においては、差異そのものが、利潤の源泉となりうるのである。しかし第1章で述べたように、タウヒードによって等位的価値の保証されたイスラームにおいては、被造物のすべては差異的に創造され、一つとして同じものはない。その差異は計測不可能であり、価値に転換されない。もし転換されるならば、それは実体に裏打ちされない象徴的価値が創造されたこととなり、そのような価値が存在価値に取って代わることは認められない。そして本質はアッラーによって授けられたものなので、それを貨幣価値に変換してそのもの自体の存在価値に組み込み、その結果、その交換価値が決定されることなどは許されようはずもない。

いかなる品目、いかなる取引がリバーの対象となるかという点は、イスラームの法学派によって異なる。現代のイスラーム金融市場における商品開発においても、湾岸諸国とマレーシアの間で解釈の相違がみられるのもこのためである。しかしリバーの禁止の根底にある原則は一貫している。それはすべての存在者は神の存在の分有であり、ゆえに存在価値として等位であるというタウヒードの存在論である。よって、人間の都合にもとづく使用価値を存在価値とおき換えて新たな価値を創造するような行為を禁じ、さらに時間差によって生じる物品の価値の変化を、取引対象とすることを禁じているのである。公正な交換のために、交換過程にブローカー的仲立ちや、利子による増殖があってはならないのである。

このようにイスラームにおいては、物々交換であれ、貨幣との交換であれ、現物を即時に交換することを徹底させることによって、行為と時間の対応関係の一回性、個別性を明確にしているが、それは人々に対し、〈世界の有限性〉をつねに意識した生活を実体化させている。現世では生命も欲望も有限であり、いずれ神の命令により来世へのラッパの音が響き渡れば、即刻、現世が終わりを告げるのである。

イスラームは利子に関して、アンデルセンの『裸の王様』の物語に登場する少年と同様、一途に「無いものは無い」と主張しているにすぎない。そして利子が当然である現在の世界において、イスラーム世界が「利子は非存在である」と主張し続けることは、「王様は裸だ」という叫びと同様、愚者の戯言のように扱われてきた。だがキリスト教も元をたどればイスラームと同様、「利子に実体はない」という立場であった。ところがキリスト教世界から発展した近代社会において、利子の生まれる世界がリアリティーをもつにいたって、世界認識は逆転したのである。むしろ明確にすべきなのは、利子がどの時点で誕生し、〈無いもの〉が〈在るもの〉となり、存在と非存在が同居することとなって利子を自明視するようになったかという点であろう。

## 利子を支える世界観

利子を禁じたのはイスラームばかりでない。中世キリスト教世界においても金銭貸借にともなう徴利は、貨幣の変態的使用として最悪の非行とみなされていた。ただしキリスト教世界では徴利を禁じ、利子のない取引を考案し実行する代わりに、利子をともなう取引をユダヤ教徒との間で行なっていた(44)。キリスト教の共同体はユダヤ教徒という外部をもって、つねに構成されていたのである。これは、近代的な経済・社会が自らの領域内はつねに掃き清め、社会費用を外部化し転嫁しようとする構造と通底している。

次節において説明するように、キリスト教における利子に関する解釈の転換はトマス・アクィナスの頃であるが、金銭がねずみ算のごとく子を産むことを可能にしたのは、キリスト教における三位一体論から繰り出される心性と深く関わっている。三位一体論では、神とイエスの関係は本質の一致する父と子の関係としてとらえられ、もはや神は、人間を創造する神ではなく、子を産む神となった。その結果、絶対超えることのできないはずの神との一線を、人間イエスが超えることとなる。父なる神と子なるイエスを結びつけたのは聖霊であるが、神が人間と結びついた聖霊は、神とイエスを結びつけたのと同様の論理で、人間や権力、貨幣と結びつき、聖人や神権政治、利子を生み、さらに欲望や資本が自己増殖する資本主義を拡大させていく(45)。そのような世界では肉体性、つまり実体性の領域が可能な限り削がれることとなる。そこでは仮想的な新たな価値の創造と、それにもとづく新たな世界の創造が可能となる。

M・シェルは『芸術と貨幣』において、近代から現代にかけての芸術が、貨幣の放つ象徴的価値をいかに表現してきたかについて詳細に検証しているが、なかでも受胎告知をテーマとする絵画の多くに黄金の雨や金文字、金貨が神の精子としてマリアに注がれているとの指摘は興味深い[46]。それは金塊が硬貨となり銘刻が施されたことにより、モノとしては金塊と同一ながら、銘刻による象徴的価値を得た金貨としては金塊と異質であり、金それ自体と異なる価値、すなわち〈金の子〉を産み出しうることを、神の子イエスの誕生になぞらえて表現するものである。これはイスラームにおける金と刻印の関係が、価値の増殖につながらなかった点と大きな相違を示している。

また同著では、「造幣と交換は、三位一体の教義を説明する上でももっとも重要な類比的思考を提供すると考えられた[47]」と指摘すると同時に、キリスト教において貨幣を遠ざけようとする傾向は、神と貨幣のそのような類比性ゆえであり、その点について次のように説明している。

ユダヤ教と異なり、キリスト教は受肉した一人の神を信仰するので、偶像崇拝に通ずる要素を備えている。キリスト教的思考にとって貨幣がとりわけ微妙な問題となるのは、その価値が普遍的に等価で、また、神人イエスがそうであるように、観念的なものと現実的なモノを同時に顕現させるからである。貨幣はこうして、権威と実体、精神と物質、魂と肉体の顕現として理解されることになる。…困ったことに、こうした特徴から、貨幣はキリストに接近し、競合する構成原理となる[48]。

さらにイエスの肉体そのもの、ないしは象徴的にあらわすとみなされる聖餐式のパン（聖餅）は、貨幣の製造工程と酷似しているという(49)。そこでは練り小麦を二枚焼型の間で押しつぶし、硬貨のように印章が刻印される。さらにキリストを体現するとみなされる聖餅は、聖餐式の出席札である聖餐代用硬貨によって受け取ることができた。なぜならば「出席札は神の知性が物質に変容した姿を表象する(50)」からであり、同様に硬貨についても聖霊と物質の結合を示す聖痕が銘刻となってあらわれているととらえられたからであった。そしてキリストを神として崇拝する世界では、実体的モノとしての価値と象徴的な価値が並存することにより、実体的なモノに聖霊が宿る結果、別の価値が生み出され、すべてのものが価値の二重構造をもつにいたる。このように聖俗二元論にもとづく聖霊と肉体の分離は、互いの独立した個別性よりもむしろ、聖霊とモノとのさまざまな結びつきを可能にし、観念的、仮想的価値の創造へとつながっていく。

紙幣の登場と金本位制の廃止は、金貨が保持した実体的価値の領域をさらに希薄にし、この二重性をも侵食している。二〇世紀後半に登場した電子マネーは、黄金でできた回路は巡るものの、それ自体は質料をもたず、象徴的価値をあらわす銘刻や印字もなく、無に等しい(51)。しかしそれにもかかわらず、価値を生み続けているのである。このように実体からまったく自由になった貨幣によって構成される社会に生きる人間は、精神と肉体の二元化から分離への道を進んでいる。セカンド・ライフなどに代表される仮想社会は、幽体離脱のような状態で人がマネーを駆使して生きることを可能にし、生そのものを現実と仮想によって二重構造化し、仮想が現実に成り代わることを可能にしている。

他方、イスラームでは、キリスト教と同じ轍を踏まぬように預言者ムハンマドを神格化し神の子としようとする芽を徹底的に摘んでいった。偶像崇拝の禁止は、その顕著な例である。さらに信者が礼拝で平伏する方向が、神の存在を象徴するメッカの方向(キブラ)であることや、イスラーム暦元年はムハンマドの生誕年ではなくマディーナにてイスラーム共同体を新たに立ち上げた年(聖遷＝ヒジュラ)であることなどは、ムハンマドが他の信者同様、神の被造物であり、神からのメッセージを伝え、それを実践したウンマのリーダー以上の存在ではないことを、人々に日々の生活のなかで認識させる。このようにイスラームでは、ムハンマドを神の子としないための抑止弁が、信仰のいたるところに組み込まれているのである。

**利子の発展過程**

キリスト教の利子解釈にどのような大転換があったのか。ここでは日本語においていずれも利子として訳される、usury と interest の概念の相違に着目する必要がある。usury の語源である usura(ウスラ)は中世キリスト教世界では、貨幣が産んだ子としてとらえられ、アリストテレスのいう「貨幣に子を産ませるのは自然の理にもとる」という見解にしたがい、ウスラは禁止されていた。また時間の売買についても、神のものたる〈時〉を売り渡すことを禁止し、支払い猶予によって経済価値が生じることを認めなかった。[52] よってイスラームと同様、キリスト教も掛売り、掛買いを禁じ、時間的猶予ゆえにいくばくかを付与したり、即時支払いゆえに割り引いたりすることをウスラとみなし禁じていた。

上田辰之助の分析によれば、このような状況に変化をもたらしたのはトマス・アクィナスの独創的なウスラ解釈であったという。トマスは貨幣を消費財ととらえ、金銭貸借を消費貸借とみなした上で、その使用料に相当するものをウスラと認定した[53]。その根拠にある解釈は、消費貸借は所有権の移転が前提であることから、それに対して使用料を徴収するのは不当であることに加え、「一般に消費財の貸借は生活の必要に基づき人々の間で行なわるる物資の調整手段だから、無償で行なわれるのが当然であるとしその立場を貨幣にも適用する」というものであった[54]。ただしこの解釈は、「金銭は金銭を産まず」という原則を一方で徹底しつつも、他方では、「なにかほかの力または事情が金銭に加わったときにはある余剰が発生するかもしれない。そのような余剰は金銭の使用料ではないから、ウスラの禁制には抵触しない[55]」という見解によって、幅をもたされた。トマスは実生活に対する鋭い感覚の持ち主であったことから、ウスラ禁止の原則は保ちつつも、資金需要の高まる社会の今後を予見して、それに対応可能なウスラ解釈を提示したという。

ここにおいて考慮された事情は、上田によれば主に三つあげられる。その一つは損害賠償である[56]。損害賠償には大別して二種類あり、その一つは、借り主が期日までに返金しないために、貸し主がウスラ業者（ユダヤ教徒）から高金利で借金をしなければならないような場合である。これは現実に「発生したる損害」として当然賠償の対象となった。しかしここから、実害の有無にかかわらず、貸金返済における延滞料として一定額を受け取る習慣や、元本が回収不能に陥る危険（＝元本の危険）に対しても、損害賠償として支払いが認められるようになり、それが〈ウスラの仮面〉、すなわち隠れ蓑になったことは否めないという[57]。

第二の事情は、希望利益の損失である。上田によれば、それは「もし、自己の金銭を他人に貸与しなかったならば、その金銭を以て獲得したであろうところの利益を逸してしまったという意味の消極的損失」であり、これを中世の表現では、〈停止せる利益〉といった。[58] トマスは、ある資金が運用された結果として、必ずしも利益をもたらすとは限らないことから、この停止せる利益を認めなかったという。だが、その後のキリスト教世界において展開されためざましい産業の発展を前にして、後代の神学者たちは停止利益を発生の損害とならんで賠償の根拠とした。[59]

そして現在の近代経済学において理解される利子の原点は、ウスラではなく、この希望利益の喪失の補塡としての interest にある。この点は、「二つのものの間(inter)に存する(esse)ところのもの」という interest の名辞そのものによって表現されている。つまり二つのものの一方は、貸し主が資金を融通した時の状態、他方は返済を受けた時の状態であり、「両者の差異を平等化するものが『インテル・エスト』にほかならない」という。[60]

以上の二つの事情からは、近代的利子の発生の根源に、資本所有者に有利なかたちで「もし〜ならば」という仮定が織り込まれていることがわかる。さらに資本蓄積に対しては、コストが発生しない前提も対となっている。そして結局のところ、ウスラに対して禁じていた〈時間の売買〉を許すこととなり、interest には、時間が経過すれば貨幣価値が増幅することが前提となった。

また損害賠償とは異なり、謝意の表現として自発的ならば「金銭または金銭に評価しうる何ものかを贈呈」することは認められた。ただしこの贈呈は、貸し手側の要求や期待の結果であればウスラとなるため、これを正当な贈呈か、不当なウスラであるかを判定することは困難であり、実情としては多くの場合がウスラであったと指摘されている。[61]

また当時考慮された第三の事情は、〈勤労〉である。上田の指摘によれば、トマスは、たとえ事業資金がウスラで得たものであったとしても、それがさらに事業に投資され利益が生じれば、それを〈勤労〉の賜物として認めている。この場合、主因が労働であり、貨幣は機因となる(62)。これは後に展開される労働価値説の端緒であるともとらえられようが、このように不労と勤労、あるいは無と有が混在しながら生じた利益を、イスラームの〈労働にもとづく利益〉と同列にならべることは困難であろう。なぜならばイスラームでは、労働が関与すればすべて合法化されるわけではなく、それが関わる対象、関わり方すべてが一貫してシャリーアに準ずることが必要だからである。

さらに上田が指摘するように、キリスト教世界では、困窮者が資金入手のためにウスラを払うことを認めたため、悪の善用、ないしは必要悪として、ウスラ業者にも金融という社会的職分を与えた。そして金融をウスラ化するのは、業者の〈よこしまな心柄〉であり、それを改めれば、〈厭うべき不当利得者〉ではなく〈尊敬すべき金融業者〉となりうるという道を開いたのである(63)。

そしてウスラには、語義上、実損害や希望利益の喪失という損害賠償や、謝礼といった多義性が付与され、それは勤労による運用益とも混在しつつ、近代の利子、インタレストへと吸収されていったのである。悪徳の象徴である利子としての古典的なウスラは、不労所得の方法で困窮者から搾取される理不尽の高利としてのみ残ることとなった(64)。

ただしウスラがもつ〈子を産む〉〈増殖する〉という本性は、不変のままインタレストの中心を形成している。このような発展を遂げた利子においては、仮想利益と実体的利益が混合しているばかりではなく、実体的利益の元本が仮想的であるというように、発生の因果関係そのものにリアリティーが乏しいのである。

**利子回避の方便**

イスラーム圏においても、擬似利子をともなう取引が皆無であったわけではない。これはヒヤルと呼ばれ、社会の要請にしたがって法解釈されたものである。[65] そしてこの史実をもって、〈利子に対する建前と本音〉〈イスラーム銀行の偽善〉といった亜流オリエンタリズムの好む視点が登場するが、むしろここで重要なのは、この逸脱に対してイスラーム社会がその時流のなすがままであったか否かであろう。

ここでヒヤルの一例を紹介すると、次のような事例がある。[66] 借入れを望む資金需要者＝Aが、土地ないしは家などの不動産を所有している場合、資金提供者＝Bに対しAが必要とする価格で、物件をいったん売却する。ここでその所有権はAからBに移転する。借入期間に相当する期間を経た後、AとBの合意があるならば、AはBからその物件を買い戻し、その際、Bは利益を得ることは合法となる。これはリバーではなく、売却益とみなされるのである。不動産がない場合には、品物で行なうことも可能である。

このような取引は所有権が移転する二つの独立した売買からなるといっても、元の所有者が買い戻すことが前提である。「いったん売ったことに」しているにすぎず、実際には、品物を質に入れたりして借金するのと変わりはない。

ヒヤルを認める学派もあれば、激しく反対する学派もあり、傾向としては、前者はシャルイーという法理論重視派であり、後者はアファバリーという伝承・伝統重視派である。[67] ヒヤルに反対する理由としては、「いったん売ったものを買い戻す、その際に双方が合意した価格が以前よりも上昇した」という表面的な法解釈の部分では問題はなくとも、「いったん売ったこととする」という仮定を立て事実上の利子の授受を行なうということは、著しいモラルの低下であり、シャリーアの精神に反するというものである。

ここではヒヤルについて一例を述べただけだが、この他にも、支払い遅延に対する利子、抵当に対する利子の回避など、タイプ別に検討されている。さらにイスラーム法学では、さまざまな具体例に関し法的解釈を行ない、その是非を論じるといったように、とにかくリバーの発生余地がないように、つねに監視している。ヒヤルに関しても批判は厳しく、疑似リバーとして一般には理解されている。

### (c)　財の使用・処分・分配について

財の使用・処分方法の制限は、〈平等 equality〉よりもむしろ〈公正 equity〉を重視している。[68] したがって、単に数量的に平等な配分が問題なのではなく、各人の資質・能力、およびイスラーム共同体内の公益に照らした公正な配分が主眼となる。上述したように、財の有効な活用を目的とした配分は、富の配分後にどのように利用されるかによって一定の制限が課され、個人の完全な自由裁量には委ねられない。公益に資する公正で円滑な経済循環を、私益のために停止することは認められないのである。したがって財の使用・分配に関しては、次の三点から検討することができよう。

(1) 不当増殖機会への投資の禁止
(2) 富の集中と独占の排除
(3) 社会的弱者への分配

**不当増殖機会への投資の禁止**

不当に富を増殖するケースとしては、すでに述べた徴利の他に投機や賭博に資本を投下したり、シャリーアが禁じる物品の売買取引に携わったりすることなどがあげられる(69)。イスラームでは投機は経済活動とはみなされない。なぜならば投機は、「価値があることとする」という信用創造を出発点とし、対象となる現物や企業の実体性とその信用の間には、何ら関係がないからである。イスラームは、このように労働や必要とは無縁な、実体のない虚業、ヴァーチャル・ビジネスに対して投資を行なうことを禁じている。

ヴァーチャル世界に活路を見出し、セカンド・ライフという新たな空間まで創出している現代ビジネスの観点からは、これはあまりにも古色蒼然とした規制に映るかもしれないが、イスラームにおけるこの禁止事項は、ビジネスがゲーム化し実体性を失うことを阻止している。あらためていうまでもないが、ゲームには必ず勝者と敗者があるのと同様、ゲーム化したビジネスでは、勝者の利益は敗者の損失となるというように富の移転を繰り返すのみであり、資金を投資し事業を行なう実業からは大きくかけ離れている。かつて日本においても投資と投機は厳然と区別され、投機に対しては倫理を欠くものとしてむしろ侮蔑的な視線が向けられていたものだが、一九八〇年代のバブル経済以降、その区別は不鮮明となり、むしろ投資が投機化した感さえある。投機は、本来ビジネスにも求められている公益に資する側面を欠き、社会的公正を著しく低下させている。

イスラーム共同体における社会的公正の確立を目的に掲げるイスラームでは、投機、賭博を禁じ、不確実性、リスクをできる限り回避するために、契約当事者間に次のようなコンプライアンス事項を設けている[70]。

① 取引対象物について情報の欠如がないこと。
② 取引対象物の性質や種類、数量、納期などに関する情報伝達に遺漏がないこと。
③ 取引対象物が管理可能な状態にあること。

ここでは、情報の公開とその正確さ、情報へのアクセスの公平性が重要であり、詐欺、インサイダー取引といった類は、当然のことながら禁止されている。

取引に関わる不確実性やリスクの回避という事項は、クルアーンの聖句よりもスンナ（預言者の言行）に頻繁に言及されているが、それは商人としての預言者ムハンマドの種々様々な経験とそこから得られた深い思慮にもとづいている。預言者は不等価交換の不当性はもとより、取引当事者の一方が他方よりも強い立場にあったり、経験豊富であったり、狡猾であったりするなど、取引する立場が対等でない場合、契約が結ばれる前に、不利な立場にある取引者を保護する必要性を痛感していたという[71]。たとえば、預言者ムハンマドは、生鮮のぶどうを干しぶどうと交換したり、小麦をパンと交換したりすることを、不等価交換として禁じた。また砂漠から品物を運んでやって来たベドウィンを都市の商人が市場の外で待ち構え、ベドウィンが市場価格を知らないことをいいことにそれよりも安い価格で先に買い取ることを、預言者が禁じたという伝承は有名である。これは典型的な①のタイプの取引であり、市況に関する情報の欠如を悪用したビジネスとみなされる。

さらに預言者は、青田買いや先物買い、信用取引を禁止し、農作物を先物商品扱いすることや、長期複数年の契約で購入することを禁じた。これは②や③のコンプライアンスと関わっている。さらに③の例としては、捕獲できるか確実ではない鳥や魚を売買の対象としたり、いまだ誕生していない家畜を予約購入したりすることが禁じられている。[72] これらの取引では、品物を買い手に確実に売り渡すことが保証されておらず、またその品質、納期なども不明だからである。

このような不確実性とリスクの回避は、現物主義を堅持するイスラーム的経営の要となっている。

### 富の集中と独占の排除

これは退蔵の禁止としてシャリーアに示されている。「その日、それらの（金銀）は地獄の火で熱せられて、かれらの額やわき腹や背に、焼印が押されるであろう。『これはあなたがたが自分の魂のために、蓄積したものである。だからあなたがたが蓄積したものを味わえ』」［第九章三五節］というクルアーンの聖句にも明示されているように、共同体内に富の偏在をもたらし、貧富の格差を拡大して弱者を抑圧するような私的な蓄財は、共同体の公益に反する最大の悪の一つとみなされている。

蓄財には大別して二つある。それらは商品流通における物資の退蔵と、資本流通における資本蓄積である。イスラーム法では価格上昇をねらった物資の退蔵は厳しく禁止されている。保蔵の禁止対象については伝統的な解釈では、主に食糧品であるが、現代に近づくにつれ保蔵の禁止対象を生活必需品一般まで解釈を拡大する傾向が強い。物資の供給量を制限して、価格操作を行なうことを未然に防止するために、シャリーアでは、①買占め、②ブローカー的仲介、③談合による価格カルテルの形成が禁止されている(73)。ただし、市場における急激な供給過剰を抑制し、安定した供給体制と価格を持続するための一時的な調整としての在庫は正当化される(74)。

商品のあふれ返った先進国の市場社会では、現物商品の退蔵は、市場機会の喪失、在庫費用の膨張など、企業への損失と直結することから収益増大のための手法とはならない。ところが供給が不安定な地域では、供給停止は急激な価格の上昇をもたらし、一部の特権的な社会階層を除いて社会に甚大な影響を与える。紛争地域ではなおのことである。イスラーム圏の多くはこの地域に該当し、ここでも物資の退蔵の被害を受けるのは社会的弱者であり、イスラームはこのような人々への配慮を怠らない。

**富の増殖と〈裸の王様〉経済**

現代において社会的影響の大きいのは、商品よりも資本の蓄積問題である。交換機能を主体とした貨幣の機能が蓄積機能へと傾き、蓄積への衝動が高まるにしたがい、資本蓄積が社会に与える影響は増大した。利子の登場により、資本自体が利子生み資本と投下資本に分岐し、資本の構造が二重化した(75)。投資市場は利子率によって支配され、貨幣需要の増加は蓄財を強化し、市場における貨幣供給を低下させ、不均衡を増大させる。だが資本主義の経済体制においては、このような強蓄積過程が好況期であり、蓄積需要が減退し始めると経済は不況局面に入る。いったん蓄積需要の低下が始まると、それは利潤率、稼働率の低下を招き、それに呼応して蓄積需要はさらに減退を始め、総需要の収縮、生産設備の遊休、労働者の失業が増加する。このように資本主義経済においては蓄積の減退が不況の契機となるが、その理由としては「生産と消費のギャップがいままで蓄積需要によって吸収され、市場は超過需要状態を続けてきたのに、蓄積需要が減退したとき、これに代わる需要が自動的に相殺的に増加しないから」と指摘されている(76)。

しかし現在のハイパー・インダストリアル社会(77)では、投下資本そのものやその投資先がヴァーチャル化している場合さえあり、資本の二重構造性は以前のように明確ではない。たとえ実体経済に投下された資本でも、それ自体がヴァーチャル資本であるというような状況はもはや珍しくない。すでに指摘したように、蓄積→利子→蓄積という雪だるま式の資本増殖を支えている根底には、「たとえ実在しないもの、ないしは実在が疑われるものでも、在ると信じれば存在する」という集団心理がある。それは「われ思う、ゆえにわれあり」と同様、貨幣やビジネスに価値があると信じ、それが増殖すると信用することによってのみ、その価値が保証されるような循環論法に支えられた価値体系の虜になっている状態である。そこでは価値を実体的・直接的に代替しているからこそ信用のある貨幣ではなく、皆が価値が在ると思うから価値が在るマネー、紙幣という最低限の肉体さえも脱ぎ去ったマネーによって経済が動いている。まさにこれは、「無いものを在る」と信じる〈裸の王様〉経済なのである。

実体性という重荷から解放され新自由主義の援護を受けた経済は、猛烈なスピードでいま世界を駆けめぐっているが、冒頭で述べたようにその勢いになかなか乗らないのがイスラーム圏である。シャリーア・コンプライアンスが導く等身大の経済や、実体性、現物を重視する経営を志向することは、時代遅れで改革すべき対象とされてきた。だが現在では、世界のいたるところで実体経済の箍《たが》がはずれたことにより、規制なき市場と経済が社会に対して破壊的に襲いかかりつつあることを考慮するならば、実体性を堅持することの社会的合理性をいま一度再考すべきであろう。

**社会的弱者への分配**

これまでに明らかになったように、イスラームは、蓄積と退蔵によって財の流れを鈍らせる人為的な不足状況を創出することも、他方、放蕩と浪費によってむやみに財が放出されることも禁じている。そして富を健全に循環させ、より広く配分するために、弱者であって自力では利益を得られない人々のために財を喜捨・贈与することを義務としている。この行為は、個人の徳性のレベルを決定する重要な要因であると同時に、共同体の一員としてすべての人々が生活可能な経済状況を保証するための義務である。喜捨を受ける人々は、孤児、貧困者や、路銀を必要としている旅人などであり、喜捨の使途は、福祉の目的を備えているが、喜捨の徴収や管理にかかる経費も喜捨から支払われる(78)。よってシャリーア・コンプライアンスの観点によれば、たとえ正しく財を獲得、所有、処分したとしても、この社会的弱者への分配が実行されていない場合には、コンプライアンス違反のビジネスとなる。

社会的弱者を排除することなく、彼らにも財を分け与え、公正な配分を実現するための具体的な規定がシャリーアに定められている。そのための喜捨は二つに大別され、第一は、履行しないと罪悪とみなされる〈義務行為〉であり、第二は、推奨されるがその行為の実践は〈自由意志〉に委ねられ、処罰の対象にならないものである。いずれの範疇であっても、その行為を行なった場合には、神からの報奨を得ることができる。このように余剰利益を共同体に拠出させる喜捨は、蓄積・退蔵を回避させ、ムスリムに積極的に手元の資金を投資させる機能をもっている。この詳細については第4章に譲り、ここでは義務としての喜捨と自由意志による喜捨を具体的にあげることとする。

## 義務としての喜捨

**(1)ザカート**　六信五行の行の一つで絶対的義務であるザカートは、クルアーンにおいても「礼拝の務めを守り、定めの喜捨をしなさい」〔第二章一一〇節〕というように、礼拝とならぶ行為として指示されている場合が多い[79]。初期イスラーム共同体の国庫の主な財源は、このザカートであった。世俗化が進み、国民国家システムが基礎となっている現在では、モスクがその徴収を行なっている場合が多い。

ザカートは人間の魂を浄化し、徳を積む行為であると同時に、社会的観点からはイスラーム共同体内において財を再配分し、資金を社会に還流させる機能をもっている。国家財政から独立したザカート基金が、ボランタリー・セクターのファイナンスとして強力な力を発揮し、社会におけるセーフティー・ネットの役割を果たしている場合が多くみられる[80]。

ザカートの義務は、ムスリムの財産がザカートしなければならない一定額ないし一定量（ニサーブ）に達した時、その翌年に発生する。ザカートの定率は財の種類によって異なるが、その基本は、①金銭の場合、貯蓄やビジネス資金の二・五パーセント以上、②農産物の場合は、土壌の良し悪し、出来高に応じて五～一〇パーセント、③地下資源のすべてに対して二〇パーセント、④家畜は種類別に別途、定率を算定、となっている。[81]

イスラームでは、ザカートの行為を怠る者は、不信者に等しいとみなされるほど信仰の核となる行為であり、ザカートによる共同体への財の還流が、イスラーム共同体における公正の実現のための重要な役割を果たしている。

(2) **フムス**　戦利品の二〇パーセントを収めることから、五分の一税と呼ばれる。これらはザカート同様、それを必要とする困窮者に配分される。[82]また地下資源（鉱物、宝石等）についても、その価値の五分の一を収めるのが共通の見解となっている。

(3) **ウシュル**　十分の一税と呼ばれ、農産物の耕地の所有者に対して課せられる。作物の十分の一が納税対象となる。ただし灌漑を敷設しなければならない土地からの作物に対しては、二〇分の一でよい。これもザカートと同様に配分される。[83]

(4) **ハラージュとジズヤ**[84]　これらはいずれも、非ムスリムに課されたものであった。ハラージュは土地税であるが、もともとイスラームが初期に版図を拡大した際に、和議に応じた非ムスリムの土地に対してかけられたものであった。ジズヤは、非ムスリムに対する一種の住民保護税であり、ハラージュと同様、和議に応じた啓典の民（ユダヤ教徒、キリスト教徒等）であるズィンミー（庇護民）に課された。これは成年男子のズィンミーの義務とされた。ただしズィンミーは強制的に改宗させられることはなく、戦時の兵役の義務も免除され、私的な生活においては自らが信仰する宗教の法にしたがうことが許された。

これらの税は、異教徒を差別するというよりもむしろ、ウンマ(イスラーム共同体)において異教徒の存在を肯定的に認め、彼らの生活と権利を守ることを意図したものであった[85]。ここからも明らかなように、ウンマにおける公正の確立とは、単にムスリムの間におけるものではない。異教徒の権利を保護し、彼らと共存することも、欠くことのできない重要な要素なのである。

**(5)相続** 相続は、これまで述べた諸税とは異なるが、イスラームではザカートに次いで財を公正に配分する手段とみなされている。クルアーンには、その配分方法が詳細に記されている[86]。

それは、遺言によって相続財産がすべて一人に集中したり、あるいは協約や盟約によって相続がなされたり、女性が相続者からはずされるといった可能性をあらかじめ排除している[87]。このように女性の相続分が七世紀から明示されている点は特筆に価するのだが、ここでつねに男女差別ではないかと問題とされるのが、兄弟姉妹の間における取り分の違いである。クルアーンには「男児には女児二人分と同額」と記されており、この二対一の比率が問題視される。個人主義的で計算可能性を基礎とする近代社会の観点からは、これは女性差別として糾弾されて当然で、イスラーム社会においても欧米の影響を強く受けた人々がこれを不公平と感じているのも事実である。だがここでは、イスラームがめざす社会像に立ち返って、貨幣価値によってはかられる経済に全面的に支配された社会ではなく、市場と非‐市場的な領域がバランスよく保たれている社会における配分比率であることを思い起こすことが重要である。

イスラームでは経済的義務を負うのは男性であるが、家庭をはじめとする非‐市場的な社会の中心は女性であり、第4章で述べるように、現在のグローバル市場主義の猛威に立ちはだかっているのは、女性たちであるといっても過言ではない。また男性の相続分は経済的義務を果たすために家計に組み入れられるが、同様のことは女性の相続分に対しては当てはまらない。女性が相続した財産は、あくまで女性個人の所有であり、父や夫などの男性家族が家族の扶養のために女性家族の相続分を使用することはできない。個人主義が浸透し家庭内までも市場化された社会では、男女比二対一の相続配分は不平等となるが、そもそもイスラーム社会の構造が個人主義とは異なっているのである。

相続財産と喜捨との関係を述べると、自己資産の三分の一までは、遺志によって法定相続人以外の者に相続させることが可能であり、これは次に述べる自由意志による喜捨に分類される。なお相続対象者がまったく不在の場合には、その財産はイスラーム共同体の国庫に収められ、社会福祉に用いられる。

## 自由意志による喜捨

**(1)サダカ**　サダカは喜捨一般に用いられる語であり、厳密にはこれは自由意志によるサダカと義務のサダカに分かれる。義務のサダカは、上述したザカートを指す。慣用的にはザカートとサダカは並用され、サダカといえば自由意志にもとづく喜捨を指す場合が多い。ただし断食月明けの祝祭において喜捨することは、断食明けのサダカ（sadaqat al-fitr）と呼ばれ、これは自由意志によるものではなく、収入が一定額以上（ニサーブ）に達している者の義務である。(88)

このようにサダカは、ザカートとは異なってムスリムの財産が一定額に達しているか否かにかかわらず、他者を助けるために行なう慈善的な寄付行為であり、自由意志にもとづくものである。イスラーム諸国では、決して豊かとはいえない庶民が少ない収入のなかから、さらに困窮している者に対してサダカを行なっている光景は一般的である。

**(2) カルド＝ル＝ハサン**(89)　直訳すれば、〈美徳の貸付け〉となるが、それは〈無利子の貸付け〉であり、自分にとって必要のない余剰資金を無償で貸し付ける行為をいう。この資金は、商売を立ち上げる際、手持ち資金のない起業家に貸し付けられる。資本主義社会では、このように資本の増殖と無縁の行為は非現実的にさえ思われるかもしれないが、ムスリムにとっての至福は来世の天国にあることから、現世の富に酔いしれて、ひたすらそれを死蔵しても意味がない。それどころか、退蔵の禁じられているイスラームでは、第1章で示したカールーンと同じ運命をたどるか、あるいは来世において処罰が待っていることとなる。よってこの貸付けは、現世の利殖ではなく、来世に向けての利殖とでもいうべきものであるが、現実の世界では貸付け者個人の徳性が向上するにとどまらず、より多くの人に市場に参入する機会を与え、その結果、資金を市場に還流させ、市場を活性化させる社会的効果をもっている。

ただしこのような無利子の貸付けが実行される基礎には、信頼にもとづく社会関係が形成されていることが重要な要素である。「自分は人を助けても、自分が困った時に果たして助けてもらえるのか」という疑念やジレンマがあれば、無利子貸付けが日常的、積極的に行なわれることは困難であろう。しかしイスラームでは、先述したように、〈神の満足〉〈神による倍の報奨〉という次元が現世とつながり、ムスリムは互いにそれを信仰することを基礎に互いがつながり合っているために、信頼と相互扶助が諸関係の前提にある。またたとえ、貸し付けた相手が性悪であったり、事業に失敗したりしたために貸付けが焦げついたとしても、自分が来世に約束される報奨には変わりはない。他方、詐欺や裏切りによって貸付けが無に化した場合には、その者の処罰は神によってなされるとの確信がある。人々のこのような信頼と確信が、カルド＝ル＝ハサンに余剰資金を投じさせる動機となり、無利子の貸付けが可能となっている。

実際、モスクの一角にカルド＝ル＝ハサンを取り扱う窓口があり、そこに起業計画書をもってひっきりなしに資金を求める人々がやって来る光景は珍しくない。また現在、カルド＝ル＝ハサン口座を設けているイスラーム銀行も多い。

(3) **ワクフ**(90)　これは私財をイスラーム共同体に寄進することをいう。その際、公共財となったワクフ財の究極の所有権は、神のもとにあることから、誰も勝手に処分することはできない。寄進者は、宗教、教育、福祉の振興を目的に、土地や資金などの私財を供出してモスクや、病院、学校、バーザール、孤児院などの公共施設を建設したり、奨学金の基金を創設したりするなど、私財を共同体に寄付して公共の福祉のために活用した。またワクフ財に寄進することにより、その資産は王朝の為政者による没収を免れ、これにより民衆の生活は、為政者の権力の支配下に完全におかれることはなく、自律的な領域を確保することが可能となった。

ワクフが社会的制度として法学上においても明確となるのは九世紀初頭であるが、公共のために私財を寄進する行為そのものは預言者ムハンマドの時代にすでに始まっていた。しかし一九世紀には、家族ワクフと呼ばれる、一種の相続の形態をとるワクフが顕著となり、ワクフのなかには本来の公共性を欠いた性質を帯びるものもあった。またワクフ財は近代国家にとっては国家の管理外にある公共財という、矛盾した位置付けになることから、エジプトやシリアにみられるようにワクフ省を設け、国家がワクフを管理するようになった国もある。

以上に列挙した他にも、シャリーアには、妻と子どもに対する扶養義務はもちろんのこと、生活に困窮した親戚縁者の支援、事業に失敗し大きな負債を抱えた者に対する援助や免責、血縁関係にはない者に対する支援、異教徒、異邦人に対する寛容と饗応の精神と援助などが仔細に記されている。

喜捨による財の再分配がイスラーム共同体の連帯と相互扶助を強化することにより、セーフティー・ネットを提供し、さらには経済を活性化する基礎となっているのである。

### 社会的責任投資と社会的責任消費

イスラームにおいては、財の所有、増殖、処分に関してシャリーアで細則が定められているが、それぞれが共通してめざすのは何か。それは、一言で述べれば、〈中道の均衡と調和〉である。第1章においても述べたが、とかく過激で極端というイメージの強いイスラームに、中道の均衡と調和の目的があるということは意外かもしれない。しかしシャリーアには、貧富、多寡の差を縮め、極端な欠乏と余剰が混在する状況を回避する方策が組み込まれている。

本章では、イスラームにおけるビジネスが、「社会的公正に照らして正しく儲けて、正しく使う」という原則に尽き、そのための細則がシャリーアに定められている点を明らかにした。利子を貪ること、賭博や詐欺で儲けること、また吝嗇でただ蓄財に励むこと、無目的に放蕩することは、シャリーア・コンプライアンスに反している。利子による資本の増殖や賭博による儲けは、安易に、かつ責任の所在が明らかでないままに財を自己増殖させ、その反対に必ず損失を被る者が存在するという状況をつくり上げる。その結果、ある者に過剰な富をもたらす一方で、他の者は著しい不足と欠乏に陥るという不均衡状態をもたらす。たとえ、正しく儲けたとしても、その使い道を吝嗇や放蕩によって誤れば、同様の不均衡状態があらわれることに変わりはない。

シャリーア・コンプライアンスのもとでは、国家が個人に対して圧倒的な権力を行使して私的な利益を剝奪するといった圧政、あるいは公共性などまったく眼中になく自己中心的な利益追求に走ることを可能にする自由主義の横行は、公私のバランスを大きく欠くことから認められない。イスラームでは中道における均衡をめざすことから、それから逸脱する極端な状況を不正のあらわれとみなすのである。

個人が不正を助長する行為を行なうことはもちろん罪であるが、それを他人事として放任することも、イスラームでは正しいとされない。また人間の自由はイスラームにおいても尊重されているが、自由は必ず責任と対をなしており、社会的責任をかえりみず主体的衝動のおもむくままに行動する自由は、イスラームでは自由とはみなされない。それは単に衝動的欲求にふりまわされており、自由どころか欲望に従属している状態にすぎないからである。本源的な利己的欲求を自己がコントロールしてこそ自由といえるのである。ビジネスにおける自由についても同様で、個人が自己をコントロールしてめざす中道の均衡点と、社会全体の中道の均衡点が一致するように努力することが、経営者に課せられた義務であり、またそのようなビジネスを支えていくのが投資家や顧客の義務でもある。

市場社会においても、コンプライアンスを実践するために、この中道をめざす経営について考える時期にさしかかっている。企業や投資家の社会的責任が問われて久しいが、それと同時に、顧客も社会的公正と責任に自らの行動を照らす必要がある。消費がリードしている社会では、社会的責任投資と同時に、〈社会的責任消費〉という観点もなくては立ち行かないであろう。企業が消費者の欲求に応じようとするあまり、コンプライアンス違反を犯す事例が続出している。企業がコンプライアンスを実践するためには、便利さ、迅速さ、低価格を限りなく要求することに慣れた顧客の行動様式も、社会的公正を考慮した規範のコンプラインスの枠内で再構成することが不可欠である。社会的公正の確立とそのための責任遂行には、企業、投資家だけではなく、顧客、消費者も交えた、社会的調和に関する合意形成がともなわなくてはならないのである。

# 第3章

# イスラーム金融の取引形態

## イスラーム金融市場の急成長

イスラーム債券（スクーク）の発行額は二〇〇七年に約三〇八億ドルに達し、二〇一〇年には二〇〇〇億ドル規模に拡大すると見込まれている(1)。すでに述べたとおり、イスラーム圏外では、ムスリムの移民の多いヨーロッパ諸国の金融機関が、一九九〇年代以降、この市場への参入に積極的である。イギリス政府はロンドンをイスラーム金融の中心地とすることを念頭に、二〇〇八年に西欧諸国初のイスラーム国債を発行することをすでに決定し準備を整えている。米国においては金融全体に占める比率は低いものの、イスラーム住宅金融が伸張している(2)。日本もイスラーム金融市場への本格的参入をめざし、二〇〇七年一月には、ＩＦＳＢ(Islamic Financial Services Board)の国際会議を日本において開催し、メディアにおいてイスラーム金融が取り上げられる頻度も増した。そして日本銀行、国際協力銀行などがＩＦＳＢにオブザーバー・メンバーとして加盟している(3)。

イスラーム金融とは別に、湾岸諸国を中心とした政府系ファンドがグローバル金融市場において占める比率も年々上昇している。さらに湾岸諸国の政府系投資会社による世界の著名な企業の買収が顕著になっており、二〇〇五年～二〇〇六年の二年間に外国資産への投資額は六七〇億ドルとなり、前八年間の投資額の三倍に達している。[4] 日本で大きく取り上げられたものとしては、米国のバーニーズの買収をめぐり、ユニクロ(ファーストリテイリング)が敗れた相手である、ドバイ(UAE)の投資会社、イスティスマールがある。このように原油高を背景とした湾岸マネーの動向がグローバル金融市場や企業買収に与える影響は無視しえないものとなっている。また二〇〇七年から二〇〇八年にかけて明らかとなっている米国のサブプライム・ローン問題で、資金的に窮地に追いやられている大手米国銀行に融資しているのも湾岸諸国の政府系投資会社である。

つねに実体的裏付けを必要とするイスラーム金融がこのように拡大している背景には、流動性を高めつつも、実体的な取引を反映した債券の発行を独自に行なっていることがある。このイスラーム債券は、スクークと呼ばれている。スクークはアラビア語であり、その語根は「刻印する」を意味し、その派生形は硬貨の鋳造を指している。[5] よってスクークは、信用証明として貨幣のごとく流通可能なものとしてとらえられている。しかし預言者ムハンマドが、為政者がその権力を背景に発行したスクークを引き受けることに対して警告を発したという伝承にもみられるように、[6] 経済的実体の裏付けのない空手形のスクークの取引は、シャリーア・コンプライアンスに反している。

ＯＩＣ(イスラーム諸国会議機構)の組織で、イスラーム法およびイスラーム学の専門家を中心に構成されるフィクフ・アカデミーは、一九八八年、合法的文書の作成を条件として、集められた資産を、書面化された債券(短期、長期)とすることができると定めた。[7] またこれらのスクークは市場において売買可能であるが、この債券によって代替される資産の大部分が現物資産と金融取引の権利から構成され、現金と個人的な債務の占める割合が低いことが、その条件となっている。一般に債券といえば、発行者の信用力にもとづいて発行され市場取引の対象となるが、イスラームの場合には、債券は信用ではなく、必ず現物資産や投資プロジェクト等の実体的価値の表象であることが求められる。ただしイスラーム金融といえどもマネーゲーム化する危険性からまったく自由なわけではなく、スクークの発行条件に関する法的見解にも、その厳格さにおいて開きがみられる。

現在、原油収入の潤沢なイスラーム圏では、このスクークをさらに発展させてグローバル市場に対抗できるような市場形成に挑んでいる状況にある。そこでは市場流通、格付け、保険、リスク回避の方策など、一般の債券市場と同様の仕組みが備わっているが、さらにイスラーム金融市場のインフラを整備するために、各国に遍在するイスラーム銀行間の連携やイスラーム銀行の中央銀行の設立、スクークの取引市場の確立等が急務であるといわれている。

## 現代イスラーム金融システムの展開

イスラーム圏における銀行の発展を概観すると、ヨーロッパから近代的な銀行が導入されたのは一八四〇年代であり、一八四七年に設立されたコンスタンティノープル銀行がオスマン・トルコ帝国領内にはじめて設立された銀行であった(8)。イスラーム圏では、サッラーフと呼ばれる両替商が金融機関として機能していたが、ヨーロッパとの交易の増大にともなって、主にイギリスやフランスの資本により、近代的な銀行がイスラーム圏の各地に設立された。これらは諸外国との貿易決済銀行としての機能を有すると同時に、イギリスやフランスの植民地政策の一環としての役割も担っていた。

資金難にあえぐオスマン・トルコ政府は、一八六三年にイギリスとフランスの資本と提携してオスマン帝国銀行を設立したが、それはイギリスとフランスの民間銀行としての側面も有していた(9)。エジプト国立銀行も名ばかりで、実際にはイギリス資本の傘下にあった(10)。カージャール朝ペルシャにおいては、一八八九年にイギリスのロイター卿と交わした協定にペルシャ帝国銀行の設立が謳われたものの、六〇年間にわたる紙幣発行の権利がロイター卿に譲り渡されていた(11)。このようにいずれの場合もその実情は、自立した中央銀行としての機能はまったくもち合わせず、また現地の人々と直接取引することもなかったのである。

現地資本の銀行の設立が中東イスラーム圏において活発化するのは、第一次世界大戦が終わり、オスマン・トルコ帝国の解体にともない各地域にナショナリズムが広がり始めてからであった。新生トルコ共和国のもとでは、一九二〇年代にオスマン帝国銀行に代わる商業銀行が相次いで設立された。ペルシャ帝国はイランと国名が改められ、一九二八年にイラン国立銀行が中央銀行として設立された。またアラブの資本家たちの出資によって一九二〇年にエジプトにミスル銀行、そして一九三〇年にパレスティナにアラブ銀行が、それぞれ設立された(12)。しかしイスラーム圏では、それと並行して、現代的なイスラーム金融システムの構築に向けての模索が開始されたのである。

イスラーム銀行や投資会社の理論化は一九五〇年代に始まり、その実践形態であるムダーラバ(Profit-Loss Sharing)方式は、一九五八年にパキスタンの地主の出資によって設立された組合銀行や、一九六三年に設立されたエジプトのミトル・ガムス貯蓄銀行において採用された(13)。それらは投資規模としては小さいものであったが、イスラーム的な投資のフォーマル化の第一歩であった。

一九七三年のオイル・ショックによる石油収入の増大は、大規模な資金をイスラーム的に運用する必要を急浮上させ、その結果、中東地域を中心に多くのイスラーム金融機関が誕生した。一九七五年にはOPEC（石油輸出国機構）の一機関としてイスラーム開発銀行（Islamic Development Bank 本部サウディ・アラビア）が二九ヶ国をメンバーとして設立され、それはイスラームの経済・金融システムを発展させ、それに沿った開発プログラムに資金援助することを主な目的とした。[14] 商業銀行としてのイスラーム銀行は、一九七五年のドバイ・イスラーム銀行をはじめとして、クウェート、バーレーン、カタールに次々と設立された。またサウディ・アラビアのムハンマド・イブン・ファイサル王子はエジプト（一九七七年）とスーダン（一九七八年）にファイサル・イスラーム銀行を設立した。この二つの銀行は、非産油国であるために石油ブームの恩恵を二次的にしかあずかることのない両国に対し、石油収入を還流させる役割も果たした。[15] そしてこの域内の実績をふまえて一九八一年にはイスラーム資産信託＝DMIの本部が、同王子を会長としてジュネーブに設立され、その後、中東地域のみならずヨーロッパへも展開し、国際市場におけるイスラーム資金の運用を可能にした。[16]

このようなイスラーム銀行設立の背景には、現代的なイスラーム経済システム構築への人々の期待があった。またそれと同時に、現代的なイスラーム経済思想の探究があり、エジプトのS・クトブやイランのM・ターレガーニー、パキスタンのA・マウドゥーディー等の経済思想は、それぞれの国におけるイスラーム銀行の設立に大きく貢献した。

さらにイラクのM・バーキルッ＝サドル（一九三五－八〇年）のイスラーム経済思想は、現代のイスラーム改革の動きを理解するにあたり、欠くことのできない重要なものであり、現在のイスラーム金融システムの基盤を形成しているといっても過言ではない。そこでは、唯物論にもとづく経済理論やシステムが中心を占める現代において、経済、経営のシステムをいかにイスラームの教えに沿って機能させるかについて体系的に論じられている。[17]

**損益公正配分の原則**

現代イスラーム銀行の中心は、損益公正配分＝ＰＬＳ（profit-loss sharing）を原則とする投資である。この取引の原則は、初期イスラーム共同体の時代から変わることのなく現代に受け継がれている。イスラームでは、利子をともなう取引は禁じられているが、同時にそれは、責任とリスクを負担しない投資を認めないということでもある。金融といえども人間の直接関与としての労働を合法的な利益獲得のための重要な要素とし、出資者のリスク負担をその主たる要件とするのである。これらを受けてシャリーアでは、出資者と事業者は利益だけでなく、リスクや損失も共有するＰＬＳがビジネス関係の基本にすえられている。事業はパートナーシップ契約によって運営され、出資者と事業者は対等な関係にある。[18]

これらのパートナーシップ契約には、以下において説明するように、ムダーラバ契約、ムシャーラカ契約のタイプがあり、現代におけるイスラーム的な投資環境においても中心的な役割を果たすことが期待されている。現代のイスラーム銀行の理論はムダーラバを中心に組み立てられ、また一九六〇年代のイスラーム銀行の実践もムダーラバから始まった。[19]しかしムダーラバもムシャーラカも、現在、脚光を浴びているイスラーム金融市場の用語としてはあまり頻繁に登場するタームではない。むしろ目にするのは、ムラーバハ、イジャーラ、イスティスナーであろう。これらはシャリーアに則したものではあるが、もともとは商品取引の契約方法であり、イスラーム金融を現代のビジネス環境に適応させるために金融の分野に応用されたものである。この手法は利子を回避した借入れにもとづく金融であることから、イスラーム金融市場を新たに構築するダイナミズムという点では、ムダーラバ、ムシャーラカに比べて弱いといわれている。

ムダーラバやムシャーラカは、商業と手工業を中心とする伝統セクターにおいて脈々と受け継がれてきたが[20]、他方、近代産業部門に関しては、近代化を推進する国家が大規模な経済開発を受けもったことにより、その部門に対してイスラーム経済政策が敷かれるにはいたらなかった。大規模なイスラーム的投資は、現在、緒についたばかりである。そして当然のことながらリスク回避の問題は、投資額が大規模化し、長期にわたるほど容易ではなくなる。ビジネスと社会が一体化しつつあるともいえる現代においては、一つのビジネスの破綻が社会にまで大きな影響を与えかねない状況にあり、イスラーム圏もその例外ではない。イスラーム金融の拡大とともに、リスク管理は重要な課題となっており、タカーフルと呼ばれるイスラーム保険もシャリーア・コンプライアンスの観点から検討され、実行の段階に移行している[21]。

**ムダーラバ契約**

出資者と事業者の間で取り交わされるパートナーシップ契約であるムダーラバ契約においては、損益公正配分＝ＰＬＳが原則である。これはイスラーム登場以前から隊商交易に適用されており、預言者ムハンマドもこの契約にもとづいて隊商交易に携わっていたといわれている。[22] 当時、ムダーラバ契約は荷主とキャラバン隊の間で結ばれたもので、隊商交易が成功すればその利益を互いに分け合うが、事故や盗賊の出現などによって最悪の場合には、すべてを失うこともありうるリスクの高いビジネスに適用された。ただしシャリーアの法源である聖典クルアーンと預言者の言行には、ムダーラバについての具体的記述はない。[23] イスラームの各法学派は、イスラーム圏の拡大とイスラーム法学の発展にともなって、初期イスラーム共同体から人々が必要とする契約として慣行となっているムダーラバを、次のような条件のもと合法とみなすようになった。[24]

契約時に出資者と事業者は、投資金額を明確にし、利益に対する互いの配分比率と同時に、損失の生じた際の互いの負担率も決定する。損益の配分は相互の比率にもとづいて算出されるもので、資本に対して固定比率を設定したり、事前に固定額を配分することを取り決めたりすることは認められない。出資者は事業経営に関わる個別の意思決定や行動に関与せずに、事業者が出資者と事前に取り決めた事業計画にしたがって経営を行なう。事業者の裁量範囲については、法学派によって異なるが、一般的には、事業内容、場所に関して両者の間で交わされた合意にもとづいて、事業者は自由に資金を運用することができる。損失が生じた場合には、出資者は損失に対し出資限度内の有限責任を負う。他方、事業者は労働が無償に終わったことによってその損失に対する責任を果たしたこととなる。

法学派によっては、事業者に何らの制限を加えることなく、この事業者がその資金を用いて出資をし、第三者とムダーラバ契約やその他の契約を結ぶことも可能とする解釈もある。ただし、事業者が当初の合意に反したり、投資額を超えた事業を行なったことで生じた損失は、全面的に事業者が負担する。また出資者と事業者の間に金銭の貸借関係があり、事業者の労働をその返済に充てるような契約や、事業者から事前に担保を取ることは認められていない[25]。

ムダーラバ契約の終了は、出資者と事業者のいずれかからの申し出があれば可能だが、現実には、経営に関わらない出資者の都合で、事業者のビジネスに支障をきたすことが考えられるので、契約締結時に、両者の合意のもと、解約できない一定期間を設けることができる[26]。

### M・バーキルッ＝サドルの『無利子銀行論』におけるムダーラバ

現代イスラーム銀行の理論的基盤を提供した著作にM・バーキルッ＝サドルの『無利子銀行論』がある[27]。これは一九六三年にアラビア語で出版された。当時の世界は東西冷戦構造の真只中にあり、そのなかでイスラーム圏は東か西かの選択のもと新国家を構築中か、ないしはいまだ独立闘争の状況にあった。『無利子銀行論』は、現在のような複雑な金融市場を前提にしたものではないが、かえってそれはイスラーム銀行のエッセンスを浮き彫りにしている。

さらに『無利子銀行論』は単に金融システムを示しているというよりも、同著者の『イスラーム経済論』とならんで、イスラーム圏の社会的再構築のためにムスリムにイスラームの原点を示し、文明的転換を促すような内容を含んでいる。混沌とした社会情勢をイスラーム的に改革するための強い意志を読み手に与える本書は、有利子銀行を強く意識しつつも決して迎合することなく、イスラームの教えを実践しようとする気概を感じさせる。

バーキルッ＝サドルは『無利子銀行論』のなかで、イスラームで禁じられた利子にまみれている社会を改革するには、それに携わる者に自発的な努力、貢献が求められると述べ、それを「ジハードを行なう心構え」と表現している。(28) ジハード（聖戦、努力）は本来、武力闘争のみを指すものでなく、人々が反イスラーム的なものをイスラーム的なものへと転換していく努力や奮闘を指すが、(29) まさに利子を中心として組まれた強力な経済システムに反旗を翻し、労働を介した利益を生む制度を現代に構築することは、ムスリムにとっては聖戦そのものなのである。聖戦を行なうがごとく、公正な方法で公正な利益を上げるためにバーキルッ＝サドルは、無利子銀行の取引の中心にムダーラバをすえた。

彼の理論によれば、無利子銀行の業務は大別して、長期的な資金運用を基本とするムダーラバ契約と短期資金の需要に対応できるカルド（借入れ）契約の二種類によって構成される。まずバーキルッ＝サドルが提示したムダーラバ契約の概要についてまとめると、次のようになる。

銀行は出資者との間で代理契約を結び、出資者の代理として事業者との間のムダーラバ契約を遂行する場合と、銀行の自己資金を用いて自らが事業者とムダーラバ契約を結ぶ場合の二つのタイプがある。第一の代理契約にもとづくものについて述べると、イスラームにおける代理契約はワカーラと呼ばれ、そこでは出資者が資金運用のために代理人を決め、その代理人に対して運用の報酬を支払う。(30) 他方、通常、ムダーラバ契約における事業者は、契約を遵守し誠実に履行している限りにおいては、損失が生じてもその責任を負う必要はない。ただし、バーキルッ＝サドルの理論では、銀行は出資者の元本を保証するようにポートフォリオを組まなければならない。ここで銀行は、代理だけではなく、保証主としての機能も果たすのである。ムダーラバ契約では、資金を運用する事業者自身に元本保証を求めることは違法であることから、出資者の代理人で、かつ事業を仲介する銀行が、元本割れのリスクに対して保証しないと、預金者が有利子銀行やタンス預金から無利子銀行へ資金を移すきっかけは生まれない。バーキルッ＝サドルは、信仰心とともに利益獲得の動機付けの重要性を随所に述べている。

第二の自己資金を用いてムダーラバ契約を直接、事業者と結ぶ場合は、資金需要に対して一般の預金額が不足している場合であり、あくまでも一般預金者の資金運用が優先である。(31)

**預金者、銀行、事業者の権利と義務**

銀行は預金者全体の代理人となる場合、預金の保証機能も備えつつ預金者と事業者とのムダーラバ契約の仲介を行なわなければならないが、その際に銀行が保証する預金者の権利をまとめると、(1)預金の保証、(2)固定収入・利益の保証、(3)預金者の預金払い出しの権利の保証、となる。

**(1)預金(元本)の保証**(32)　銀行はムダーラバ契約を遂行するために、固定性預金口座を設ける。ムダーラバへの出資者は、ここに最低六ヶ月以上、預金をしなければならない。他方、事業者は同銀行内に当座勘定を開設し、ムダーラバ資金をすべてその口座で決済する。銀行はムダーラバ口座の預金総額に応じて、ムダーラバ契約に関するポートフォリオを組むが、ムダーラバの総契約額と預金総額が一致する必要はなく、前者が後者に達せずとも問題とはならない。銀行が代理に立つことで、預金者と事業者が包括的にムダーラバ契約を結ぶこととなり、個々の預金が一つひとつのムダーラバ契約に個別に対応しているわけではないからである。

**(2)固定収入・利益の保証**(33)　銀行は年一回ムダーラバ口座の決算を行なうが、その際にムダーラバ口座全体として利益が計上できるようなポートフォリオを作成しなければならない。預金者はすべてのムダーラバ契約に参加することが前提であるので、ムダーラバ口座全体の預金額に対する自己の預金額の比率に応じて利益の配当を受けることができる。バーキルッ＝サドルは配当利益について、あらかじめあらゆるビジネス環境を想定しながら、一般銀行が利子として支払っている固定利益よりも上回る予想配当率を提示する必要性を説いている。しかしあらためていうまでもないが、この点の技術的克服が最も困難であり、実際の取引におけるムダーラバ契約拡大の足かせとなっている。

**(3)預金者の預金払い出しの権利の保証**(34)　銀行は、預金者との間で個別に定めた期日(六ヶ月毎)に、預金者からの請求があればその払い出しに応じなければならない。ただし中途解約については、ムダーラバ契約口座の全体額の一〇分の一に達しない預金者は解約できるが、それ以上の大口預金者の中途解約に銀行は応じる必要はない。このような預金の払い出しに備えるために、ムダーラバ契約を結んでいる事業者は、毎年一回定められた期日に、ムダーラバ資金を運用している当座勘定に、銀行が義務付けた額以上の資金を残しておかなければならない。

バーキルッ＝サドルによれば、銀行がこのように預金者に対して供与する保証のコストを支払うのは、事業者である。事業者は自らムダーラバ資金を調達すべきところを、銀行がその業務を行なったことに対して固定手数料を支払う。ムダーラバ資本を投入した事業が満期を迎えた時、出資者と事業者は、当初合意された配分率にしたがってそれぞれ利益の配分にあずかるが、その利益配当の一定割合を資本保証料として銀行に差し出すのは事業者である。この割合については、リスクの度合、ビジネス環境によってそれぞれ異なり流動的なものである。これらにもとづいて銀行の報酬の構成をまとめると、事業者側からは固定手数料と資本保証料を受け取り、預金者からは代理報酬を受け取ることとなる。(35)

銀行が預金者に対して代理を果たすのは、単なる契約締結の業務ばかりではない。銀行業務のなかで最も重要なのは、事業者の資金運用能力の見極めである。一般の銀行においても、貸付けの際、相手の信用調査は入念に行なわれるが、そこでは借り手の事業の成功度もさることながら、それに失敗した時の保証、ないしは資金調達能力が重要なポイントとなる。しかしイスラーム銀行のムダーラバ契約の場合、契約違反がない限り、事業者には返済義務がないため、事業者の資金運用能力と経営の透明性、そして何よりも事業者個人の人格がパートナーシップを組む重要な指標となる。バーキルッ＝サドルによれば、銀行が事業者を決定する際には、次の条件を満たしている必要がある。(36)

(1) 銀行の認める二人の証人が、事業者の誠実さ、堅実さを証明すること。
(2) 事業者が事業を行なう分野について熟知しており、資本の運用に関わるリスクについて、事業者がそれをできる限り回避しようとしている点について、銀行が確証を得ていること。

(3)　事業者が行なうビジネスについて、銀行がその内容を理解し、確定されたものであり、それにもとづいて銀行が業績を予測し、事業の成功について調査できること。
(4)　これまでの取引実績を考慮し、高い実績を上げている者と優先的に契約すること。
(5)　事業者は、利益の配分率に合意していなければならない。そしてムダーラバ契約の取引銀行に速やかに当座預金口座を開設し、ムダーラバ資金を全額預け、その口座を通じて運用すること。
(6)　事業者は、ムダーラバ事業の経過について詳細かつ正確な報告を継続的に行なうこと。他方、銀行はすべてのムダーラバ契約について個別的にプロジェクト・ファイルを作成し、その動向について把握すること。そのために必要なデータを、事業者はすべて提出しなければならない。

**イスラーム銀行のカルド業務**

銀行がムダーラバ契約を整備する一方で問題となるのは、その融資には当てはまらない、流動性の高い資金需要に対して、いかにイスラーム的な融資を行なうかという点である。『無利子銀行論』においては、その解決策としてカルド供与をあげ、それをムダーラバにならぶ銀行業務と位置付けている(37)。カルドは〈借用〉の意味であるが、イスラームでは、それは相互扶助の精神にもとづき行なわれ、特に借入れを必要としている人を助けることを目的としている。カルドでは、借りた物や資金は、元の所有者に借りた時の状態で返すことが条件である。イスラームでは資金を貸し付けて、返済の時に何らかのプレミアムを期待することは禁じられているので、カルドが利益を生む手段とはならない。

バーキルッ＝サドルは銀行が貸付けを行なう場合の条件について、次のように述べている。(38)

(1) 銀行は、債務者にカルド供与に対する事務手数料を請求することができる。証書作成や口座の管理などは、カルドに関わる労働であり、これに対して妥当な経費支払いを請求することは合法とされる。

(2) カルドを供与される者の素行が正しく、信頼のおける人物であることを二人の証人が保証し、他方、銀行は借受人が返済能力のあることを確認するための信用調査を行なう。

(3) カルド期間は三ヶ月を限度とし、カルド供与の総額は銀行自らが定めた上限を超えてはならない。長期で金額が大きいものは、ムダーラバへの転換の可能性を模索する。ただしそれを推奨するあまり、事業者が銀行離れを起こすようなことがあってはならない。

(4) いかなる状況においても精算が可能なように、抵当権のような保証を取っておく。

(5) 他のカルド需要に対応するために、債務者には債務返済後の数年間、カルドのファンドとして一定金額を銀行に拠出することを義務付ける。その金額は、有利子銀行との競合に照らし、その利子額相当の額を設定する。この場合、今度は銀行がカルドを供与された側となるが、それに対して利子を支払う必要はなく、その期間中にそのカルドを運用することも可能である。期間終了後には、このようなかたちで銀行にカルドを供与した者が返済を求めて、その資金を引き上げることができる。

(6)　カルド借受人がカルド期間を終えて、次に自らがカルド資金を拠出するか否かは、結局、それぞれの意志によって異なり、拠出されない場合もありうる。ただしカルド供与の要求が増大した場合には、返済を滞りなく行ない、義務付けられたカルド供与を自発的に行なったカルド借受人は、返済に延滞したり、カルド供与を行なわなかった者よりも、優先的に次のカルド供与を受けることができる。さらに返済後に拠出したカルド資金を、その期間終了後に返還要求せずに銀行に贈与した場合は、第一級の顧客に格付けされ、次回からのカルドの申込みにおいて優先的に受け付けられる。

カルドのために資金を拠出する人々は、自分がもつ余剰資金を、利殖目的ではなく社会において有効活用するために提供するのである。これをあえて利殖目的というならば、それは、来世において神から報酬を受けるための善行の積み立てである。他方、カルドを供与された人は事務手数料を払うが、銀行がそれを受け取る根拠は、証書作成の業務に対する労働報酬、ならびに実費である(39)。ここでやはり疑問視されるのは、カルドを受けた顧客に対し、返済時に利子相当の金額を一定期間カルド資金として拠出させる条件であろう。これが利子と異なる点は、顧客が銀行に拠出するカルドには銀行の所有権がないことから、一定期間を経過した後は、カルド拠出者が払い戻し請求の権利を行使できることにある(40)。

しかし理論上も現実も、その権利を放棄して贈与した方が、見返りは大きくなる。なぜならば次回以降の融資を優先的に受けられ、さらにムスリムにとって重要な来世での報酬も膨らむからである。ムダーラバとは異なり、カルド供与によって利益を得ても、それに対して出資者に対する利益配分は定められていないので、「カルドによって助けられた者は、次にはカルドに資金を自発的に提供する」という相互扶助と信頼の循環が重要な要素となる。(41)「金は天下の回りもの」という気風とは少々趣きは異なるが、余剰資金までをも個人が抱え込んで蓄積するのではなく、フロー重視で社会に資金を循環させ、皆で共有・活用しようという点では同じメンタリティーといえよう。

現在のイスラーム銀行には、カルド＝ル＝ハサン（美徳の貸付け）のための口座が設けられている場合がある。(42)あえてハサン（美徳）という形容がなされるのも、この口座拡大には、ウンマ（イスラーム共同体）への貢献という意志が鍵となるからである。カルド＝ル＝ハサンは、クルアーンのなかに登場する用語であり、もともとは神に対する貸付けを指す。前章においてすでに述べたように、その貸付けに対しては神が数倍の報奨を与えるのだが、それは現世ではなく来世においてである。実生活においてカルド資金を拠出することは、天使たちが管理する〈現世における諸行為の貸借対照表〉において善行、すなわち利益として記載される行為とみなされる。

カルド＝ル＝ハサンは、伝統的にモスクや篤志家たちが中心となって資金を集め実行されてきた。それは銀行とは別にいまでも続いており、そこでは資金のない人々が、起業のための資金や、教育資金を無担保で調達することができる。その際、出資側は、借入れ希望者の状況を審査し必要の度合に応じて貸付けを行なう。慣例としては、事務手数料の他にカルド資金として若干のプレミアムをつけて返済するが、その額についての規定はないという。これはカルドの資金に組み込まれるが、ウンマの相互扶助のための資金として循環することとなる。イスラーム銀行がカルド口座を開設することにより、資金を必要としながら調達できない人々が、融資の機会により多く恵まれると同時に、より大規模な相互扶助を展開することによりウンマの一体感を強めることが可能となるのである。



### ムダーラバ契約の伸び悩みとその要因

イスラーム経済学者もイスラーム銀行の実務家も、ムダーラバがイスラーム金融の中心を構成すべきであるという点に関し意見の相違はない。だがムダーラバは、リスク管理の未発達に加えて、現在のビジネス環境との不適合という若干の問題を抱えており、実際にイスラーム銀行の総投資額に占めるムダーラバ契約の比率は低迷しているのが現状である。

第一の要因は、事業者のモラル・ハザードに対する懸念である。(43) イスラームのビジネス全般に共通するものとして、特にムダーラバにおいては、契約に関わる当事者が互いに誠実で相互信頼にもとづくことが重要である。またそのためには、透明性が必要である。しかしモラルが欠如すると、ムダーラバでは事業の失敗の際に事業者には資金返済の義務がないために、事業者はそれを悪用して、利益を隠したり損害を詐称したりといった不法行為を行なうことが可能となる。ところがこれに適切に対応する方法が確立されていないのが現状である。この対策を怠るとイスラーム銀行のシステムの存立に打撃を与えることともなりかねない重要な要素であることから、バーキルッ＝サドルも事業者の不法行為の防止については一節を設けている。(44)

このような不正を防止するために、上述したように、事前の信用調査も含め事業開始後の経営状況について、銀行はあらゆる情報の提供を事業者に求め、経営の透明性の確保に努めなければならない。しかし皮肉にもこの透明性の確保が、事業者の足をムダーラバから遠ざけている第二の要因ともなっている(45)。なぜならばイスラーム圏の多くの国々は、近代的な課税システムという点では未整備な場合が多く、透明性の高い決算報告をした者だけが重く課税されるなど、課税の公平性に欠ける場合があり、経営者たちは公的機関である銀行に積極的に経営内容を開示したがらない傾向があるからである。またムダーラバなどのPLS方式で得た利益には課税されるのに対し、利息の支払いはコストとみなされ非課税ないしは控除の対象となるなど、ムダーラバ契約の方が不利となる課税システムが資金調達者をムダーラバから遠ざけている。イスラーム諸国においてさえ、イスラーム的投資環境のインフラ整備が急務となっている。

第三の要因は、事業に失敗した際に事業者の責任をどの程度問うことができるかという問題である(46)。再三述べているように、ムダーラバ契約では、契約に違反していない限り、たとえ事業に失敗して元本すべてを失っても事業者に資金の返還義務はない。この原型は隊商交易であったが、そこでは事業の失敗が天災や盗賊といった不可避の要因によるものか、契約を無視した事業によるものかという判断を明確に行なうことが可能であった。しかし現在のように、さまざまな要因が複雑に絡み合うビジネス環境においては、誤ったビジネス戦略の選択や非効率なビジネスなどを、事業者の事業の失敗とみなして免責の理由とするか、それとも契約の無視とするかといった点について難しい判断を迫られることとなる。

これに対処するために銀行は契約内容を詳細につめていく必要があるが、他方、制約を多く設けすぎて事業者をがんじがらめにした結果、ビジネスに失敗する場合も十分にありうる。またムダーラバ契約では、経営に関する意思決定は事業者側に全面的に委ねなければならないことから、出資者としての銀行は、経営には直接介入せずに、リスク管理の基準を設けて投資リスクを下げる努力をしたり、監査システムの強化などにより事業の動向を見守ったりする他はない。これらは銀行にとっても経費のかかることだが避けては通れない業務であり、これを有効にするためには、出資者と事業者の間で透明な情報の流れが確保され、情報の共有がなされることが不可欠となる。

## ムシャーラカ契約

ムダーラバとならんでイスラームのプロジェクト・ファイナンスとして期待されているのがムシャーラカである。クルアーンにはムシャーラカというタームそのものはないが、それは後の法学者たちのイジュティハード(法解釈)によって導かれたパートナーシップによる出資形態を指し[47]、共同出資経営(shirkah al-amwʾāl)がこれに当たる。ちなみにイスラーム圏でシルカ(shirkah)といえば、〈会社〉を指すが、それはムシャーラカと同語根である。したがってムシャーラカは共同出資経営のパートナーシップ契約であり、複数の出資者が事業経営にも携わり、メンバー全員で損益を配分する。利益に関しては、あらかじめメンバー間で配分比率を決定しておく。さもなければこの契約は無効とみなされる[48]。利益の配分に関しては、法学派によって見解が異なり、出資比率に応じて利益を配分するという見解と、経営への貢献度を加味し新たな配分率を定めてもよいとする見解がある[49]。主流は後者であり、利益の配分は出資者間で協議し決定する。ムシャーラカには出資者が複数いるが、そのなかにムダーラバと同様、経営に参画せず資本のリスクに対してのみ責任を負う出資者も認められる。この場合、利益は出資率を超えて配分されることはない[50]。損失については、いずれの法学派も出資比率に応じて負担するという見解で一致している[51]。伝統的なバーザールや企業経営に、このムシャーラカ契約がみられる。

ムダーラバとムシャーラカを組み合わせることも可能である[52]。たとえば出資者Aと事業者Bとの間で一〇〇〇万円のムダーラバ契約を結ぶ。事業を行なうにあたり、Bは自己資金五〇〇万円をAの了解のもと同事業に投入する。新たに五〇〇万円が追加されたことで、この契約は、A（一〇〇〇万円）とB（五〇〇万円）のムシャーラカ契約と、「Aの出資一〇〇〇万円／Bの運用」にもとづくAとBのムダーラバ契約によって構成されることとなる。たとえば利益配分率に関して、ムシャーラカについてはA、Bそれぞれの出資率（二対一）、またムダーラバについては一対一と合意し、事業の終了時に利益が二四〇万円であったと仮定する。ムシャーラカ契約における利益配分率は二対一であるので、Aが一六〇万円、Bが八〇万円となる。そしてAの取り分の一六〇万円はムダーラバ契約の利益総額であるので、それをムダーラバ契約の配分比（一対一）によって分けA、Bそれぞれが八〇万円ずつ受け取る。よって最終的には、Aが八〇万円、Bが一六〇万円を得ることとなる。ただしこのA、Bそれぞれの取り分は、契約当初に合意されたムダーラバ契約の配分率にしたがって変化する。

## ムダーラバとムシャーラカの相違点[53]

ムダーラバとムシャーラカの相違点については、次の五点にまとめられる。

(1) ムダーラバは出資者一名の責任のもと投資が行なわれるが、ムシャーラカは、事業に対し契約者すべてが出資する。

(2) ムダーラバでは出資者は経営に参加できないが、ムシャーラカでは契約者すべてが経営に参加できる。

(3) 損失が生じた場合、ムダーラバでは事業者が契約を遵守している場合、損失負担の責任はないが、ムシャーラカは出資率に応じてすべての契約者が負担する。

(4) ムダーラバでは出資者の責任は有限であり、その出資額を上限とする損失を負担する。他方、ムシャーラカにおいては、通常、出資者は無限責任を負う。ただしムシャーラカ契約を結ぶ際に、一切の借入れを行なわないことを出資者全員が合意して事業を始めたにもかかわらず、その合意に反して、ある出資者が借入れを行なっていた場合は、総出資額を超えた損失の責任は、借入れを行なった者が負わなければならない。

(5) 資本が土地、建物などの固定資産に投資された場合、その物件自体の価値の上昇から得られた利益に関しては、その配分に次のような相違がある。ムシャーラカの場合は、パートナー全員が出資比率に応じてその物件に所有権を有するので、その資産価値の上昇にともなう利益は、出資比率に応じて配分される。しかしムダーラバの場合は、事業者はその物件に対して所有権をもたないため、資産そのものの価値の上昇から得られる利益についてはすべて出資者のものとなる。

## ムダーラバとムシャーラカによる運用事例

現在、イスラーム経済・経営、ならびに金融に関する実践的な領域について、イスラーム法上の見解を示すことのできる法学者は少ないといわれている。その一人にムフティー・ムハンマド・タキー・ウスマーニーがいるが(54)、ムダーラバとムシャーラカを実際のビジネスにおいてどのように活用できるかについて、彼の見解をまとめると以下のようになる。

**輸出入契約への適用(55)**　イスラーム圏が歴史的に交易で拡大し繁栄したことは有名であるが、現代においてもイスラーム圏の商人魂は世界各地に息づき、交易はムスリムの得意分野といってもよいビジネス分野である。そしてムダーラバとムシャーラカは、輸出入取引のように一回ごとに完結する契約に適した金融といわれている。

たとえば輸入について、銀行が輸入業者にL/C（信用状）開設のマージンを課すことなくL/Cを開設する場合、輸入業者と銀行はムダーラバ契約を結ぶ。他方、そのマージンを課す場合には、ムシャーラカ契約、ないしはムシャーラカとムダーラバの結合契約となる。ムシャーラカ契約の場合、輸入品が入荷した時点では、その所有権は出資率に応じて輸入業者と銀行がそれぞれ保有している。これを解消するために銀行の保有分を輸入業者が買い取るが、その際のレートは、輸入品の市場価格、もしくは買取り日に両者が合意した価格となる。ムシャーラカ契約を締結した時点で、事前にその価格を取り決めることは違法となる。

輸出についても、銀行は輸出業者とムシャーラカ、ないしはムダーラバ契約を結ぶ。両者の契約時に輸出品のコストと利益が事前に算出可能なので、配分比率によって互いの取り分が事前に把握できる点で、輸入よりも利益予測が立てやすい。ただしその契約には、輸出業者がL/Cのすべての条項を満たした輸出を行なうことを条件とし、それに違反して生じた損失については、一切、銀行が負わないことを明記する必要がある。

**運転資金への利用**　ムシャーラカ契約の基本をここで復習すると、たとえばAが三〇〇万円、Bが二〇〇万円の投資によって、全体として五〇〇万円のムシャーラカが構成される場合、出資比率はA＝六〇パーセント、B＝四〇パーセントとなるが、利益配分率については、両者の間でA＝八〇パーセント、B＝二〇パーセントで合意したとする。ムシャーラカが満期を迎えた時にムシャーラカの価値が一〇〇〇万円になったとすると、利益は五〇〇万円なのでA＝四〇〇万円、B＝一〇〇万円がそれぞれの利益配分となる。ここでAがBの持分を買い取って事業を続ける場合、その買取り価格はBの資本分の二〇〇万円に利益配分一〇〇万円を加えた三〇〇万円となる。ただし、もし一〇〇万円の損失が生じた場合には、Bの損失負担は出資比率である四割にもとづき四〇万円となり、決算時のBの持分は出資金の二〇〇万円から損失負担金を差し引いた一六〇万円となる。(56)

しかしムシャーラカを実際に進行しているビジネスに適用していくためには、さらに細部にわたって条件を規定する必要がある。伝統的イスラーム法学では、ムシャーラカは現金に始まり、契約終了時にその投資をすべて現金化するものとされたが、現在では継続事業に対し、建物、設備などを共同出資者間の合意のもとに査定し、現金化せずともその価値にもとづいて利益や損失の配分を行なうことが認められている[57]。またある企業が特定のビジネスに関し、銀行とムダーラバやムシャーラカを組む場合、既存の設備や人員を社内の他のプロジェクトと一緒に使用する場合がありうるが、その際に、これらの特定のプロジェクトに投じられた設備の比率を計算してその減価償却などを逐一計算したり、人件費を比率で分割して計算したりすることは、あまりにも煩雑であり非効率である。

このような問題を回避するために、利益配分の計算を純利益ではなく、直接経費のみを差し引いた粗利益で行なう方法が示されている[58]。その際、直接経費として認められるのは、原材料費やその特定事業に全面的に関わっているスタッフの人件費、その事業に直接関わる光熱費やその他のサービスに対する費用である。この計算では、既存の建物・設備費、ならびに部分的にその業務に携わっているスタッフの人件費等は、それらを提供した事業者の負担となるが、その事業者がボランティアでその設備の使用を申し出る場合を除いて、次の二つの方法のいずれかで対処する。その一つは、直接経費をレンタル料として計上し、経費として提供者に支払う方法であり、この場合は利益の多少にかかわらず、一定額が支払われる。いま一つは利益計算の比率に反映する方法であり、この場合、設備・人員を提供する事業者の利益配分率を提供の度合に応じて変化させる。ただしいずれの場合も、ムシャーラカ契約に参加する出資者全員の合意が前提である。

**逓減的ムシャーラカの事例**

逓減的ムシャーラカは、現代的イスラーム金融の手法の一つである。二者間でムシャーラカ契約が結ばれたと仮定すると、このムシャーラカでは一方の持分を分割し、一単位ずつ他方に定期的に売り渡すことにより持分が逓減し、ムシャーラカを通じて購入された物件や商品が、最終的に契約者の一人によって所有される。これについては、次のような事例があげられている。

**住宅取得**　Aが居住するための家を取得するためにBとムシャーラカ契約を結び、家の購入費の二割をAが出資し、残りの八割をBが出資する。この住居は出資比率に応じて、AとBが共同所有するが、居住するのはAのみなので、Bの持分に対してAが賃料を支払う。さらに、Bの持分を分割し定期的にAがそれを購入する約束を結ぶ。たとえばBの持分を八分割し、それを三ヶ月ごとにAが購入すると仮定すると、Aは三ヶ月後にBに対して住宅価格の一割を支払い、それに相当する持分（全体の一〇分の一、Bの当初の持分の八分の一）を購入する。その結果、Bの持分は七割に減少するため、それに応じてAがBに対して支払う賃料も減額される。これを続けることにより、共同購入時より二四ヶ月を経るとBの持分はゼロとなり、すべてAの所有となり、逓減的ムシャーラカ契約が終了する。(59)

この契約について論議されている点としては次の点があげられる。まず賃貸料の支払いも持分の段階的譲渡も、もともとの契約者同士であるAとBの間でなされる場合は、何ら問題はない。この点ではすべての法学派が一致して認めている。しかし第三者Cに対してBの持分を貸し出してCがAより賃料を取ることや、BがAではなくCに対して持分を段階的に売り渡していくことについての是非については見解が分かれている。(60)

またシャリーアにおいては、一方が他方の付帯条項となるような二つの契約を同時に締結することは認めないという大原則がある。それはシャリーアで禁じられているガラール（不確実性）の観点からである。[61] 条件的契約が履行されないと本契約が履行されないようなかたちでは、条件的契約の履行いかんに左右される本契約が履行されるかはきわめて不確実とならざるをえない。上述した逓減的ムシャーラカ契約においては、賃貸料支払いを持分買取りの条件とすることは、不確実性の観点から違法とされる。よって、Aによる賃貸料の支払いと持分の買取りについては、前者を後者の条件とする契約ではなく、Aがそれぞれについて「約束を交した事項」にとどめるという方法をとる。一般に約束には道義的責任があるのみで、契約のようにその履行に対して強制力は生じないが、イスラーム法学者の多くは、ビジネスにおける約束には強制力があるという見解を示しているという。したがってAがBに賃貸料支払うことと、AがBの持分を買い取ることは互いに独立しているため、たとえ賃料を払っていなくとも、Bの持分を買い取ることは可能となる。ただしそのような場合には、BはAの賃料不払いについて裁判所に訴え、不履行分の支払いを求めることができる。[62]

以上の点をまとめると、逓減的ムシャーラカ契約で住宅購入をする際には、賃貸料の支払いと持分買取りを一つの契約書にまとめてはならない。ただしAとBが住居を共同所有し、その物件をBがAに貸すことを一つの契約にまとめることは、後述するイジャーラ（賃貸契約）では認められるので問題はない。[63] 賃貸料はBの持分の減少に応じて引き下げることをBが保証し、またBの持分の販売価格は、販売時の市場価格とするのが望ましいが、持分の買取りをAが約束した時点で合意した価格で譲渡してもよい。[64]

**サービス業**　次にサービス業に逓減的ムシャーラカが利用される場合についてみてみよう。Ａが自動車を購入してタクシー業を開業するためにＢから融資を受ける場合、Ａが自動車価格の二〇パーセント、Ｂが八〇パーセントを出資すると仮定する。タクシー業を始め、一日に一〇万円の売上げがあると、それぞれへの利益配分は出資比率にしたがうので、Ａの取り分は二万円でＢの取り分は八万円となる。また他方、Ｂは自分の持分を等分割し、Ａが定期的に一単位ずつそれを購入する約束をする。たとえばＢが持分を八分割し、買取りを三ヶ月ごとに行なうと、二四ヶ月後にＡは完全に自動車を所有することとなる。その間、利益の配分率も持分の変化に応じて変更する。

この契約が上述した住宅取得の場合と異なる点は、自動車のレンタル料ではなく、実際に稼動させて得た利益を配分することと、Ｂの残りの持分の査定にあたっては、購入価格から減価償却分を差し引いた金額で計算することである[65]。

**販売業**　Ａが洋服の販売業を起こすにあたり、Ｂとムシャーラカを組み、二年間の契約で、出資比がＡ＝四〇パーセント、Ｂ＝六〇パーセントと仮定する。この場合、利益の配分比率は、出資比率ではなく、両者が合意して取り決めた比率を適用してよい。さらに、たとえばＢの持分を六分割し、Ａが二年間かけてそれらを買い取ることができる。ここまでは逓減的ムシャーラカ契約の基本タイプと同じである。その際の買取り価格は、Ａ、Ｂ両者が合意した第三者の専門家がそのビジネスの価値を算出し、それにもとづいて持分一単位あたりの価格が決定される。当然のことながら、ビジネス価値が上昇していれば価格は上昇し、その反対の下落もありうる[66]。

## ムシャーラカの証券化

以上、ムダーラバとムシャーラカの事例を述べてきたが、これらが共通に抱えている問題は、流動性の問題である。これを解決するために、イスラーム金融市場では証券化がなされているが、ここではムシャーラカの証券化に対するシャリーアの解釈を示しておこう。

まずムシャーラカの証券化の条件について簡単にまとめると、次のようになる。大規模なプロジェクトにおいては、多くの投資家がムシャーラカ契約を結ぶが、その際、個々の投資家の持分を証券化し、流通させることが可能である。ただしそれを市場で売却するためにはムシャーラカの資金が、非流動資産に投資されていることが条件となる。つまり何らかの実体的ビジネスに投資され、それにともなう設備投資が行なわれていなければならない。流通を認めるにあたって、資金全体に対する非流動資産の比率は法学派によって異なっている。

原則として非流動資産で構成されている部分のみを切り離して流通可能と主張するシャーフィイー派がいる一方で、ハナフィー派はその比率を特に規定しないなど、伝統的な法解釈では見解の相違に大きな開きがあった。しかし現代では、最も厳格なシャーフィイー派でも五割以上が非流動資産ならば、流動資産と非流動資産の混合で構成されたムシャーラカ証券の流通を認めている。(67)

## ムラーバハ

近代的な有利子の金融システムが世界を網羅するなかで、イスラーム的な金融や経営を普及させることは容易ではない。特にイスラーム圏が独自性を前面に掲げるのが困難であった時代は、なおさらのことである。しかしその間でも、何とか利子とリスクを回避し、イスラーム的な取引に近づけようとする試みがなされてきた。その一つが伝統的に商品の売買取引に用いられていたムラーバハ取引を融資に応用することであった。一九七〇年代にヨルダン出身のサーミー・ハンムードが、実務の観点からムラーバハの低リスクに着目し、イスラーム金融への応用を推進したといわれている。(68)

ムラーバハの原型は、商品を販売する際にそれにかかったコストを売り手が明確に示し、売り手と買い手の双方が合意した利益をそれに上乗せして販売する手法である。Ａが必要とする物品をＢから買う際にムラーバハ取引が行なわれる。その際Ｂが物品をＣから調達し、この時の購入価格に対して、ＡとＢの双方があらかじめ合意したＢのマージンを上乗せしたものをＡに対する販売価格とするものである。(69)

しかしこのムラーバハに関しては、シャリーアの法源であるクルアーンやスンナのいずれにも言及されていない。つまりアッラーはそれを命じることも禁じることもしていない。また、預言者ムハンマドもそれを行なったり、それに対する見解を示したりしていたわけでもない。ただしイスラーム以前からの商慣習としてムラーバハは存在し、西暦一二－三世紀（イスラーム暦五－六世紀）のイスラーム法学者に、ムラーバハを必要の観点から合法と認める見解がみられるようになった。(70)

このムラーバハを用いて銀行が融資を行なう場合、事前に取り決められる上乗せ利益がローンの利子と同じではないかという疑問が生じる。これについてはイスラーム法学者の間でも見解の相違があり、厳しい見解では擬似利子とみなしている。しかし大勢としては、イスラーム銀行の過渡期の処置として条件付で認めており、最近の取引の七割以上を占めていると推定されている。[71]

## 融資としてのムラーバハ

イスラーム銀行を介したムラーバハ契約では、銀行が顧客の必要とする物品を第三者から購入し、それに対する銀行の利益を銀行と顧客の間で取り決め、それを物品の購入価格に上乗せして顧客に売るというかたちで融資が行なわれる。よって融資は実在する商品に対してなされることが絶対条件である。またその商品の購入や管理において発生する光熱費や人件費といった経費の支払いのためにムラーバハを組むことはできない。[72] 利益の算定は、コストを明確に把握し、上乗せ分を決定する。ただしコスト算出にあたっては、コストとみなされるものとみなされないものがあるので、コストに対する比率で利益を上乗せする場合は、その点に注意する必要がある。[73] ここでのポイントは、販売する商品が取引時に実在し、その商品にかかったコストが明確に算出できることである。

イスラームの取引の基本は、現物を時価評価し即時決済することであるが、ムラーバハでは繰り延べ支払いが認められている。実際の取引の流れとしては、銀行と顧客の間において、ある物品に関して売買契約が交わされると、次に銀行が顧客を自らの代理人に指名し、代理契約を結び、顧客が代理人としてその物品の調達に当たる。顧客は、銀行の代理として物品を購入した旨を銀行に報告し、同時にその物品の購入を申し出る。銀行はそれを受け、銀行の利益を上乗せした価格でその物品を顧客に売り、物品の所有権と管理責任を引き渡す。[74]

ここで重要なのは、物品の所有権を有した銀行に管理責任があることで、たとえ顧客が直接、その物品を調達・保有していても、それはあくまで代理としてであり、物品が被る損害のリスクを引き受けるのは銀行である。このリスクの引受けが、銀行の得る利益の根拠となっている。また物品を購入する先は、第三者でなければならない[75]。顧客が物品をいったん銀行に売ったこととして、それを買い戻すという取引は、シャリーアでは認められていない。

ムラーバハに対する批判は、購入対象の品の物理的移動、保有・保存に一切Ｂ（銀行）が直接関与せず、それらをすべてその最終購入者であり資金の借入者であるＡ（銀行の顧客）が行なっているにもかかわらず、その代金が銀行に支払われる時、当初の仕入れ価格よりも高くなる点である。そこでの価格差はまさしく時間を価値に転換した結果であり、リバー（利子）に他ならない。またＢによる支払いが現金と手形の場合では、銀行が得る利益がそれぞれ異なるのも、その差異がリバー的性質をもつという批判が、ムラーバハに向けられている。

これに対し、ムラーバハで銀行が得る利益はリバーではないとする見解は、リスクを負うことへの対価という解釈である。そのリスクは、商品が遅れて顧客に納品されるなどの事態により、品物の所有権の移転にも遅れが生じ、その間に銀行が商品に対して行なう保証期間が延長されるという可能性と、顧客が商品を受け取った後に返済不能に陥る可能性から生じる。

ムラーバハでは契約時点で上乗せ分が決定され、以後、その商品価格が不変である点がポイントとなる。つまり契約時点で上乗せ分が商品価格と一体化しているため、たとえ顧客の決済が遅れたとしても、銀行は顧客に延滞料を請求することはできない[76]。また現金か手形かといった決済方法の違いが商品の値段に反映されることも、契約当事者双方が事前に合意していれば問題はない[77]。

シャリーア・コンプライアンスの観点から、ムラーバハが妥当か否かについての見解には大きな開きがあるが、ムラーバハに対してほぼ一致した評価は、過渡期としての有効性である。イスラーム銀行設立への機運の高まった一九七〇年代には、PLS方式によるムダーラバを中心に契約が組まれたが、顧客のモラル・ハザードや銀行の調査力不足などにより、経営が立ち行かない状況があった。そのような状況においても、イスラーム的な金融システム構築の試みが挫折することがなかったのは、ムラーバハの登場によるものであった。ムラーバハは、金融そのものが商品化されることを回避し、金融を実体的な物流をともなう取引につなぎとめるのに一役買ったのであった。

## イジャーラ

一九七〇年代から一九八〇年代にかけて、イスラーム金融はムラーバハへの依存を高めたが、短期融資であることと、パートナーシップに欠ける点が、依然、批判の対象となっていた。そしてこれに代わる方法として登場したのが、イジャーラである。

イジャーラは、シャリーアでは「賃貸料と引き換えに、何かを与えること」という意味となる(78)。そしてこの与えるものが、サービス、労働の類であれば、それに対して報酬を支払う契約が、イジャーラとなる。たとえば医者、弁護士、教師、建設労働者等に対し、それぞれの行為に対して報酬を支払うことがこれに含まれる。また別のイジャーラとしては、固定資産の用益権を与えたことに対して報酬を支払う契約である。これはほぼリース契約に等しい。

イスラーム的な投資に応用されたのは、後者のリース契約の方法である。中・長期の契約が可能で、特に住宅購入の分野を中心に、ローン利子を回避した方法としてイジャーラが強い支持を得ている。シャリーアで認められたイジャーラには次のような取り決めがある。

まず、イジャーラは一定期間、有形財である固定資産の用益権を移転し、その資産の使用料を支払う契約である。(79) 契約時に、契約対象物件、期間、目的を明確にするが、金銭はもとより、食品、燃料などの消費財をイジャーラの対象とすることはできない。またその資産の所有権は貸し手のもとに残ることから、資産税など所有に関わる経費は貸し手が支払い、水道、光熱費など使用上の経費は借り手が支払う。物件の使用目的は契約書に明記するか、あるいは明記されていない場合でも常識的範囲内の使用が前提となる。特殊な目的のために物件を使用する場合は、貸主の許可が明記されねばならない。物件の損傷に関し、借り手に過失がある場合は、借り手が責任を負い、不測の事態の場合は、貸し手が負担する。共同所有の物件を貸し出すのも可能で、その場合、賃料は所有の持分比率にしたがって配分する。この持分自体を貸し出すことも可能だが、その場合は共同所有者にのみ貸し出すことができる。

このイジャーラに関しては、賃料が利子に当たる可能性が指摘されており、それを回避するために次のような細則が定められている。たとえばAが住宅に関するイジャーラ契約を銀行と結ぶと仮定する。その際、Aが借りる住宅を銀行が手配する。銀行は住宅を購入しAに貸し出すが、賃料の起算日は、実際に住居がAに引き渡された日であり、銀行が住宅購入代金を支払った日ではない。(80) 住宅購入代金の決済日と住宅の引渡日が同じでない場合に、その間の賃料を徴収したとすると、それはリバー(利子)となる。

賃貸期間が長期間に及ぶ場合、当初設定した賃料では実情にそぐわない場合が生じるが、その場合、シャリーアでは二つの方法を認めている。第一は、賃貸契約を結ぶ際に、一定期間ごとに一定の比率で賃料を引き上げる。たとえば一年ごとに五パーセントずつ賃料を上げることを両者合意のもとに取り決める。第二は、比較的短期間の賃貸契約を結び、契約更新時に新たな賃料を設定する。(81) その際、両者の合意が条件であることから、借り手が新たな賃料を受け入れられない場合、イジャーラ契約を破棄し、賃貸物件を貸し手に返還することができる。また最近の法解釈では、インフレ率に応じて賃料を上昇させる方法など、ベンチマークを設定する方法を認めているという。イスラーム銀行のなかには、一般銀行の貸出金利の変動に結びつける場合もあり、その際用いられるのは国際金融取引の金利基準として用いられるＬＩＢＯＲ《ライボー》(ロンドン銀行間の取引金利)である。(82)

これに対し、イジャーラによって銀行が負担するリスクと、資金を貸し付けたことに対する利子は異なるため、たとえベンチマークであれ従来の銀行の利子率を採用することは好ましくないという見解がある。(83) またシャリーアでは予測不可能というリスクを冒して契約を結ぶことが禁じられているので、将来、利子がどれほど上昇(下降)するか不確実なまま、それをもとにした賃料でイジャーラ契約を結ぶことは合法的ではないという見解もある。しかし現実には、イジャーラ契約の継続性、その履行の効率性も重要な要素であることから、一般銀行の利子率をベンチマークとする場合には、たとえば賃料の最大上昇率を一五パーセント、最低を五パーセントと設定した上で用いることにより、不確実性を低下させることが勧められている。(84)

賃貸料に滞納が生じた時には、延納に対して課金することは利子に当たるため、ペナルティーを科すことはできない。しかしこれが悪用されることを防ぐために、契約時に、賃貸料の延納に対して一定率の課金を行なうことを明記する。ただしその延滞料は、貸し手の収入にするのではなく、貸し手が設けた喜捨ファンドに加えられ、シャリーアに則した目的、すなわち社会福祉に使用されることも合わせて明記する(85)。

イジャーラでは、賃貸料が滞りなく納められ、契約期間が終了した時、対象物件を顧客が買い取ったり、贈与されたりするのが一般的であるが、この買取りを賃貸契約の付帯条項とすることは、シャリーアに反しているとみなされる。これは逓減的ムシャーラカにおいて示した理由と同様で、一方が他方の付帯条項となるような契約を結ぶことをイスラームでは認めていない。また売買はスポットが原則であり、先物契約は例外を除き合法とはみなされない。したがってイジャーラの場合も、賃貸期間終了後に、貸し手が借り手に物件を売ることについて双方が合意することはできない。しかし最近の法解釈では、貸し手は片務的に借り手への売却ないしは贈与を約束し、それを履行する義務を負うが、他方、それを借り手が購入するか否かについては、その賃貸期間が終了した時点で借り手が決定することができるとされている(86)。これは贈与の場合も同じである。

現在、イジャーラはイスラーム金融の拡大において先導的役割を果たしている。なかでも住宅ローンの代わりにイジャーラが利用される場合が多いが、たとえば住宅購入の場合は、銀行が支払う税金が免除されるなど、イスラーム金融が一般銀行に比べて不利とならないように法的整備を進めている国もある(87)。

## イジャーラ・スクーク

ムダーラバ・スクークやムシャーラカ・スクークは、取引市場が未発達なため、発行数が低迷しているが、他方、ムラーバハ、イジャーラといった、短期で利益率があらかじめ明らかなスクークには需要があり、取引市場も形成されている。これはイスラーム金融の入り口として、異文化圏でも広がっているスクークである。

イジャーラは、すでに述べたとおり、不動産やその他の有形資産を購入する際にまず賃貸契約を結ぶことに始まる。イジャーラ債券発行の場合は、新たに購入する物件であっても、すでに所有している物件であっても、資金調達することは可能である。そしてイジャーラは所有権の移転によって終了する。

イジャーラ・スクークが発行され償還されるまでには、次の段階を経ることとなる。(88) まず物件を所有するAがB(=投資会社)と物件の売買契約を結び、Bがその物件を購入する。Bはその物件に対してスクークを発行し、投資家に販売する。その際、物件の価値を分割し、複数のスクークを発行することが可能である。そして投資家に販売されたスクークは、市場での取引対象となり流通可能となる。他方、AはBと当該物件に関して賃貸契約を結び、スクークが償還を迎えるまでAは賃貸料をBに支払う。スクークの償還日にAはBから当該物件を買い戻す契約を結び、即日、買い戻す。(89) このイジャーラ・スクークは、最初にAからBへ所有権が移転することから、Aが物件を担保としてBに差し出してAが発行した債券をBに引き受けてもらう、いわゆる担保付債券とは異なっている。あくまでもBが所有者となってスクークを発行し、それによって集めた資金の需要者がＡというかたちである。この取引においても強調されているのは実体性であり、イジャーラ・スクークが賃貸料ではなく物件の価値を代替し、ついてはスクーク保持者はその物件に対して責任を有するという点である。よって、たとえばイジャーラ物件が借り手の落ち度とは別の原因で倒壊した場合、その損失は、イジャーラ・スクークの保持者にまで及ぶ[90]。

現在、イジャーラ・スクークのビジネスにおいては、日本の不動産投信においても一般的となっている、特別目的会社＝ＳＰＶ（Special Purpose Vehicle）をＢの位置に設立し、複数のイジャーラ物件を管理し、ポートフォリオを組むシステムも動いている[91]。

## サラム、イスティスナー

この二つの契約に共通なのは、シャリーアが原則とするスポット決済をせずに、前払いが例外的に認められている点である。伝統的にサラムが対象とするのは、主に農作物や石油や鉱物などの天然資源など数量（重量）の計量が明確にできる取引であり、他方、イスティスナーが対象とするのは製造に関わる取引である。いずれも零細・中小の経営者が、種苗や原材料購入のために事前に資金を調達する際の便宜として、預言者の時代から認められてきた。

サラムにおいては、対象となる品の数量、重量、納期が明確にされなければならず、宝石など価値が重量などで決定できないものは取引対象とはならない。さらに価格に関しては契約当事者同士が合意した価格で全額支払われなければならない[92]。契約栽培などの農産物のように、生産者が限定されているものについては、何らかの事情でその契約対象の特定の農産物が生産・納品できないリスクがあるので、サラムの対象とはならない(93)。そして銀行は借り手に対して、担保や抵当を要求することが認められている。もし期日までに農作物が納入されなかった場合、その担保を清算し、銀行がその農産物を調達する。このようにサラムが銀行融資の方法として応用された場合には、原則として銀行も農作物等の現物を取り扱う当事者となり、商品知識、市場動向と無関係ではありえない(94)。

実際のイスラーム銀行で行なわれているのは、購入と販売の別立てのサラム取引である。これは銀行が商品の購入取引と販売取引を並行して行なうことによって成立する。たとえば銀行がAから一〇〇俵の米をサラムで買う契約をし、その納期を五月一日とする。他方、銀行はBに五月一日に一〇〇俵の米をサラムで売ることを契約する。購入金額と販売金額の差額が銀行の収益となる。ただしこれまで随所で説明した通り、シャリーアではAからの購入がBへの販売の条件となるような契約は結ぶことが認められていないため、銀行は、AとBのそれぞれと独立した契約を結ばなければならない。よって何らかの理由でAが納期に間に合わなかった場合でも、銀行はBに対して期日に納品する義務を負っている。また契約内容とは異なる商品がAから納品された場合も、銀行は契約通りの商品をBに納入しなければならない(95)。

銀行が買いと売りの取引を別立てにしても、AとBが同一の業者であったり、BがAの一〇〇パーセント子会社であるなどの場合は、買戻しとみなされ違法となる。なぜならば同一商品の買戻し価格が高くなっている場合は、その差はリバーとみなされるからである。

イスティスナーは、必ず、物づくりと関連している業種が対象であり、製造、建設などの分野に適用される。サラムとの相違は、商品価格の全額が前払いされなくともよい、契約後であっても製造開始以前ならばキャンセルが可能、そして納期を必ずしも確定しなくともよいという点である[96]。

現代のイスラーム銀行では、イスティスナーは、施設や住宅の建設費の融資に応用されている。この場合、上述のサラムと同様、金融機関は二本立てのイスティスナー契約を並行して結ぶ。一方は、建物建設の発注者と銀行が結ぶ契約で、その際、発注者は費用を前払いしなくてもよい。両者が合意した条件で分割支払いができ、また両者の合意があれば、物件の受渡日の後の日付を支払期日とすることも可能である。その際に支払保証として、不動産の権利証書を銀行が保有する。もう一方の契約においては、銀行が建設の発注者となって建設業者とイスティスナー契約を結ぶか、あるいは請負業者と雇用関係を結び建設を発注する。いずれの場合も、必ず建設の発注者とは異なる第三者が実際の建設を受注するのでなければならない[97]。さらにイスティスナーは、公共事業にも用いられる。たとえば高速道路の建設の場合、政府が建設業者と契約を結び、道路完成後の一定期間、その建設費支払いのために通行料徴収の権利を建設業者のものとするという方法がとられる[98]。

### イスラーム投資ファンド

このファンドの投資先のポートフォリオを組むに際しても、ポイントとなるのはシャリーア・コンプライアンスである。まずファンドは、エクイティ・ファンドであり、必ず出資者が対象企業の株式を保有しなければならない。そして一般のＳＲＩファンドなどの倫理的ファンドを組む時と同様に、その基準にはネガティヴなものとポジティヴなものがある。

まずネガティヴな基準による選択としては、アルコール飲料、豚肉、ギャンブル、有利子金融を専業として取り扱う企業は、投資の対象外となる。(99)ただし、たとえばスーパーマーケットのように他の商品と一緒にアルコール飲料を販売するなど、ビジネス全体にそれらが占める割合が低い場合は認められる。次に、有利子取引を行なっている企業は排除されることが原則である。しかしこれは現状にはそぐわないので、ファンド・マネジャーは、①自己資本率、②企業収益に占める利子収入の比率、③資産に占める受取手形の比率、を基準として、投資対象の企業がイスラーム投資に適しているかを見極める。しかしこの評価基準や方法に関して、具体的な根拠がシャリーアにあるわけではなく、統一もなされていない。たとえば①は三分の二以上と定めている場合が多いが、②は一〇パーセント以上の場合や三三パーセント以上、③も同様に、四五パーセント以上の場合や五〇パーセント以上の場合など、違いがみられる。(100)

したがってイスラーム投資の現実的側面としては、ポジティヴな要素を実践することである。具体的には、投資会社はファンドで得た収益のうち、非イスラーム的ビジネスで得たとみなされる利益を算出し、それを喜捨する。そしてファンドの収益を喜捨を行なうことにより〈浄化・純化〉した後、投資家へ配当する。(101)喜捨については第2章においてすでに説明し、次章ではさらに詳述するが、この場合は、企業が社会の公益に資する寄付行為を行なうことにより、シャリーアに反するビジネスで得た利益の配当を〈浄化・純化〉するという喜捨の側面が強調されている。

また投資ファンドに対してアピールしたい企業も、同様の論理を生かすことができる。つまり投資を呼び込むためには、「シャリーアに反したビジネスをしていない企業」というばかりでなく、

「利益を喜捨し純化している企業」であることを前面に打ち出すのである。それは環境汚染に対して、企業が汚染を抑制するだけでなく、植林などを通じて環境改善に積極的に取り組むことにより、SRIファンドに対してアピールするのと同様である。

## イスラーム金融システムの諸機関

イスラームの基本的な契約形態を概観したが、ここで最も重要となるのはモラルである。上述の事例でみたように、イスラームの融資ではリバーを回避するために、借り手の返済が遅れても追徴金は取らない。クルアーンにも「また債務者が窮境にあるならば、そのめどのつくまで待て」［第二章二八〇節］とある。しかしこれはあくまで借り手の正直さが前提であり、意図的に悪用されるとイスラーム金融のシステムそのものが立ち行かなくなる。したがってこのような違法行為の防止策の作成や、実際の経営状況の監査方法等に関し、現状に即したシャリーアの解釈を行ない、さらにイスラーム圏全体を網羅する組織づくりが急ピッチで進められている。

イスラーム金融機関の会計処理システムづくりとその監査を主な目的とするAAOIFI（Accounting and Auditing Organization for Islamic Financial Institutions）は、バーレーンを中心に一九九一年に設立された。AAOIFIはイスラーム諸国の間において異なる会計基準を統一の方向に導く一方で、一般銀行と会計処理の異なるイスラーム金融機関の会計基準を、国際会計基準と可能な限り整合性をもつようにし、さらにイスラーム金融機関に対する負債資本適合率（Capital Adequacy Rate）算出のためのガイドラインも作成した(102)。

ＡＡＯＩＦＩは先駆的役割を果たしてはいるものの、強制力が欠如しているといわれ、その代替的機能を果たすために、ＩＦＳＢ（Islamic Financial Services Board）が、東南アジア、中東、北アフリカの各国の中央銀行総裁の合意のもと、二〇〇二年に国際機関としてクアラルンプール（マレーシア）に設立された。ＩＦＳＢはイスラーム金融機関の業務の規制、監督を主な目的とし、ＡＡＯＩＦＩやイスラーム開発銀行、ＩＭＦ、イスラーム諸国の中央銀行の経験をふまえながら、イスラーム銀行の健全な経営のための基準作成を行なっている。(103) ＩＦＳＢにおいて議決権をもつ正式メンバー機関は二一あり、そのなかには各国の中央銀行や金融庁、財務省なども含まれている。(104) 本章冒頭で述べたとおり、日本の金融機関もオブザーバーとして参加している。

## イスラーム金融市場の拡大にともなう問題点

シャリーア・コンプライアンスを重視した市場が拡大することは、イスラーム圏にとっても待ち望まれたことであるが、グローバル市場と並行してイスラーム独自の金融市場を確立していくことは容易ではない。本章ではイスラーム金融取引の基本を一部紹介したが、その現場ではさらに発展したイスラーム金融商品が展開している。

イスラーム金融市場においてもデリバティヴ商品が登場し、その商品の説明を受けた金融の実務家によれば、イスラーム金融商品であれ、一般商品であれ、その取引手法にさしたる相違はないという。不動産の裏付けがあるとはいえ、その不動産価値がバブル的価値上昇を続ける場合、その実体性はどこに求められるかの疑問も浮上する。だがＩＦＳＢの国際会議においても、その関連文献においても、イスラーム金融がグローバル金融に比して遜色のない市場を形成しており、グローバル市場との適合性においても問題はなしとする論調は強い。

イスラーム圏では、従来の銀行がイスラーム取引窓口の開設や新たなイスラーム銀行の設立などに積極的であり、他方では、欧米の従来型の銀行がシャリーア・コンプライアンスを研究し、これまでに培った金融技術と大資本を携えてイスラーム金融市場に参入している。たとえばドバイのDPワールドは一五〇億ドルのスクークを発行しているが、そのマネジャーにはドバイ・イスラーム銀行を筆頭に、バークレイズ、ドイツ銀行、シティ・グループが顔をそろえている。(105) さらにダウ・ジョーンズ・イスラミック市場指数、S&Pシャリーア指数をはじめとして、予測性、制御の観点からも、イスラーム金融市場は、グローバル市場のなかに組み込まれつつある。そして、現在のイスラーム金融市場を先導しているムスリムの実務家たちの多くは、米国で最新の金融と経営を学んでいることから、グローバル金融市場との整合性の問題が優先される傾向が強くあらわれている。

グローバル金融市場が優勢な状況下において、新興勢力のイスラーム金融市場に資金をとどめ順調に成長するためには、グローバル市場との共通性を強調することは重要である。さもなければ、一九七〇年代のオイル・マネーがイスラーム圏にとどまることなく、ユーロ・ダラーとなって世界を駆けめぐり、当のイスラーム圏はその通過点にすぎないという事態の二の舞になるやもしれないからである。しかし現状では、シャリーアのお墨付きをもってヨーロッパの金融市場へイスラーム圏の資産が流出する一方で、それらがイスラーム圏の公益に反映されているのか定かではない傾向も見え隠れしている。もちろんこの点については、今後の動向を見守る他はない。だがイスラーム圏内のイスラーム金融機関も例外なく熾烈なグローバル競争にさらされているために、経営効率の観点から、中小規模のイスラーム金融機関の経営が苦しくなりつつある傾向は、すでに指摘されている(106)。

シャリーア・コンプライアンスの底流には、実体のあるビジネス、社会の一部としてのビジネス、人間の等身大のビジネスがある。この基本に立ち返って現状を眺めるならば、やはり現行のイスラーム金融市場については、すでにそれらからの遊離が始まり、人間の管理能力を超えた領域に入りつつあるのではないかという疑問をぬぐうことはできない。イスラーム圏はこのグローバル化に対応しなければならない一方で、即応性ばかりでなく、熟慮も求められる状況に直面している。シャリーア・コンプライアンスを実行するためには、預言者の時代にはなかった状況に対しては新たな法解釈が必要となるが、それが金融領域の利益拡大のみを目的としたビジネス戦略であったのでは、イスラームにおける法令遵守とはいえない。これまでも指摘してきたが、イスラームにおいては調和、均衡、中道がきわめて重要であり、この法解釈に関しても同様である。法学者は、シャリーアの創造的解釈を行ないつつも、現状に迎合するのではない法解釈を、慎重にイスラーム諸学に照らしながら追究しなければならないのである。

現状においては、法源であるクルアーンにもスンナにも言及されていないケースが多くみられる。その事態に対して、初期イスラーム共同体の原型を重んじるばかりに、現状に適さない法解釈に固執し改革を拒んだり、他方では、改革を急ぐあまり、性急な解釈がイスラームの本道から逸脱したりする場合がある。前者においては、シャリーアの現実適用性が著しく低下し、後者においては、シャリーアの名を騙る法となる危険性をはらんでいる。歴史的にはいずれの場合も、イスラームの本道や現実世界から極端に逸脱した解釈として、民衆に受け入れを拒否され実践されないか、激しい抵抗にあっている。

確かにイスラーム金融の流動性を高めていくことは必要であるが、グローバル金融市場と互角になるためだけに流動性の問題を解決しようとするのであれば、イスラームの本道を踏み外す可能性が無きにしも非ずとなる。肝要なのは、経済の実体性を堅持する取引を、名目ではなく実際に行ないながら、これまでよりも流動性を高めていくことである。ここでも、調和、均衡、中道をめざすことが求められている。

## ウンマの公益に照らした投資

このような事態を回避するためには、投資は当該取引の利害関係者のみに関わるものではなく、ウンマ（イスラーム共同体）全体の動向に関わるものであることを、投資に関わる者すべてがあらためて再確認する必要がある。別章にてすでに述べたように、イスラームにおける経営は、企業に限られるのではなく、家庭、社会、国家、市場といったあらゆる組織のトータル・マネジメントの一環であることが重要であり、その最終目的はウンマにおけるマスラハ（公益）の確立におかれている。ここでは、公器としての企業、市場という認識、公益につながる投資やその他の経済行為の実践、それらにともなう社会的責任の遂行が不可欠となるのである。これほどのつながりを体現するシステムとなれば、それらを捨象したシステムと比較して、市場性や流動性、即応性が劣るのは当然であるが、他方、次章で検討するように、経済領域を超えた社会全体からみるならば、財の流動性は高くなる側面もある。

イスラーム共同体の経済的自律性の確立のためには、イスラーム圏内の投資家たちに対しては、グローバル金融市場への投資と比べて流動性の観点から利益獲得の機会が限られても、イスラーム金融市場を選択するという投資行動が期待され、またイスラーム金融市場自体も、グローバル金融市場と一線を画す覚悟が必要である。これは完全自由化の世界的潮流に反する方向ではあるが、グローバル市場における自由化が弱肉強食を放任している現状にあっては、そのような自律性も一つの重要な選択肢である。

さらに別の観点からもウンマの公益をとらえる必要がある。イスラーム独自の投資環境を整えることも重要であるが、潤沢な収入をグローバル基準からみて収益性の高い投資にのみ向けてよいかという点である。あらためていうまでもなく、中東地域のイスラーム圏では、パレスティナ、イラク、レバノン、アフガニスタンが戦禍にまみれ、北アフリカのイスラーム圏においても、戦禍と旱魃、飢餓に苦しむ国は多い。しかし片や、湾岸諸国に目を向ければ、金融の中心地であり、かつ世界のリゾート地に変貌したＵＡＥをはじめとして、景気に沸く国々が、投資環境を整えるために一意専心している姿がある。

しかしイスラーム圏の歴史に照らしてみるならば、ウンマのなかで、このような極度のアンバランスが長続きすることはきわめて不自然である。なぜならば民衆がそのような極端なアンバランスを許容しないからである。したがってイスラーム金融市場がシャリーア・コンプライアンスの御旗を高々と掲げている限りは、このアンバランスも解消する方向を示さなければ、シャリーア・コンプライアンスは完遂されないのである。他国のことだから関係ない、政治とは関わらないという姿勢は、シャリーアが目標に掲げるウンマの公益から大きく逸脱している。イスラーム金融市場のシャリーア・コンプライアンスが国民国家を超えるイスラーム共同体の公益に寄与せずに、換骨奪胎され、統合性に欠けたものとなれば、民衆がそれを受け入れずに衰退するか、民衆蜂起によって崩壊の危機にさらされるかのいずれかとなる可能性は高いといわざるをえない。

一九七三年以降の石油ブームでイラン政府がその収入の使途の舵取りを誤ったことは、イランの反体制運動を加速させ、一九七九年の革命にいたった一因となっている[107]。当時のイランでは、秘密警察組織を駆使した統治という政治的抑圧や公序良俗の乱れに加えて、経済的領域にあらわれた不正と大きな格差が、反-シャリーアの証として誰の目にも明らかになっていたのである。

ムスリムの間では、「石油はアッラーが与えた恵みであると同時に試練である」としばしばいわれるが、まさに潤沢な石油収入は、その使い方によってイスラーム圏に公益をもたらす恵みともなれば、アンバランスと不公正をもたらす元凶ともなるのである。ドバイでは世界一の高層ビル、ブルジェ・ドバイが建設中である。それは現在の湾岸諸国の経済力を世界に対し誇示するものである。だが同時にそれらの超高層ビル群は、ウンマに対していかなる意味のあらわれとなるのであろうか。イスラーム共同体の公益の源として、シャリーア・コンプライアンス・マネジメントのシンボルとなるのか、それともウンマの公益を阻害する富の蓄積のシンボルとなるのか。それは今後、膨大な石油収入とそれらの運用益を、イスラーム共同体の利益として、どのように配分していくかにかかっている。

# 第4章

# 喜捨と交換の混交経済

## 交換一元化の傾向

喜捨、贈与といえば営利的な意味が削がれ、経営学の領域ではほとんど関心が向けられていない。経済学においても贈与経済というタームはあっても、アルカイックな時代に特有なものとしての扱いを受けている。しかしイスラーム経済を例として交換と贈与の関係を検討すると、両者のバランスが重要なポイントであることが浮かび上がってくる。そのバランスは持続的な経済システムに不可欠で、企業の中・長期の利益、また社会全体、さらには地球全体の利益を考える際にも、大いに参考とすべきものである。そして近代的な市場経済においても、交換と贈与のいずれもが機能しており、市場経済システムは、交換と贈与の相互浸透性によってその社会的合理性を発揮してきた。

ところが現在は、交換経済のみが広範に拡大する一方で、贈与経済が極度に衰退している。バイオ・テクノロジーや、ナノ・テクノロジー、デジタル・テクノロジー等の技術の発達にともない、デジタル分割の時代を迎えるなか、人間の身体も精神も細かく分割され、断片化の一途をたどっている。そこでの人間の身体は、臓器も細胞も遺伝子も組み換え可能となり、他方、人間の認識も一義的で断片的な理解によって構成されるようになっている。さらに感情においては、喜怒哀楽が相互関連性、統合性を欠いて、それぞれが一人格のなかに断片的に浮遊している状態となっている。このような断片化された人間の全体性を維持するのは、もはや人間自身ではない。交換可能となった人間の諸部分のマネジメントは、人間の外部にある市場の手に委ねられ、市場は自然や神、そして共同体や国家の統合力を凌ぐ勢いをもって人間の認識、行動を統制している。そこでは人間はかけがえのない存在から、代替可能な存在へと変貌を遂げている。

だがここで市場や最新テクノロジーにのみ、批判の矛先を向けてもあまり意味がない。交換経済にもとづく市場の発達と合理化は、個人の自立を促し、贈与関係によって縛られていた固定的身分制の解体を可能にし、過度の自己犠牲や他者依存が解消の方向に向かったという側面もある。むしろここで問題なのは、交換一色の市場によって社会が再編成されつつあることだろう。そこには人間の直接的関係が、交換市場の介在する間接的関係に転換され、さらに代替可能となった人間の諸部分も市場で交換されるといった、とどまるところを知らない交換一元化の流れがある。

## 市場経済における贈与の必要性

市場は確かに交換の場である。それは相対の一回完結の短期的交換であり、クラ交換のような循環的なものではない。しかし同時に市場の内外において、贈与が交換に絡み合うかたちで断片的な交換をつなぎ合わせてきた。そして贈与自体も、個々の贈与に対応したお返しとしての贈与から、巡りめぐって自分に何らかのかたちで返ってくる贈与も含めて、短期から長期にわたる交換によってつながってきた。それには円環によって閉じる贈与に限らず、贈与の返礼が子どもの代に及ぶといったような、世代を超えた系列的贈与関係も含まれている。これらすべてを考慮すれば、贈与に対する報いの不確実性は高い。しかしそれでもなお、かつて人々が贈与の連鎖に確信をもっていたのは、それを支えていた贈与と交換の仲介者の存在があったからである。その存在とは自然や神であり、自らの行為を外から眺める視線である。

日本における「情けは人のためならず」という格言も、互酬的な贈与のつながりをあらわしたものであるが、最近では「同情や援助は他人の自立を阻害し、その人のためにならないので好ましくない」ととらえる傾向が優勢となっている。それは社会全体を俯瞰的にとらえる観点も、他者とのつながりに対する確信も弱体化し、人々が自閉的に孤立せざるをえない社会の状況を反映しているのであろう。近代の市場経済では、交換経済の発達度が効率性と進歩の尺度となった。しかし一六世紀のフランスには、「全体として反目ではなく、友情を生んだところの贈与、しかも市場モードや正式の契約とも比較的たやすく共存できた贈与」があったという。(1) これはヨーロッパよりも古くから市場ネットワークを築いていたアジア圏においても同様である。ただしそこでは交換経済が贈与経済を駆逐するようなかたちでは発達せず、市場の両輪であり続けた。そしてそれゆえに、〈遅れた地域〉とも揶揄されたのである。

しかし現在、交換に徹底した市場がもたらす負の効用を実際に目の当たりにすると、贈与経済の弱体化が返す刀となって現在の市場経済に閉塞感を与え、限界に近い状況を露呈しつつあることがみえてくる。貧富の格差拡大はもちろんのこと、知性、情報の分野においても、贈与の経路が交換経済によって分断されたことで、技術や知識の伝承、コミュニケーション力が衰退している。これらはすべて経営資源の枯渇とも直結する深刻な問題である。

その解決のためには「市場経済は交換と贈与の相互浸透性とバランスによって、その真価である経済的合理性、ひいては社会的合理性が発揮される」という観点が不可欠である。贈与か交換かの二者択一ではなく、両者のバランスが重要なのである。そしてそのシステムは、近代化からは遅れたとされた地域に残っている。

イスラームのシャリーア・コンプライアンスは、交換経済と贈与経済をバランスよく保つことを原則としている。それは交換機能がもつ合理性を利用しつつ、それが資本主義的に市場を席巻することを許さない。また同時に、贈与経済による互助的関係を強化しつつ、それがもたらす依存体質も払拭しているのである。

**神に対する喜捨**

イスラームでは財産を物惜しみせずに喜捨することをインファークというが、それはさらに神の道において財産を費やすという意味をもつ。(2) それは転じて貢献の意味ともなる。M・ジャアファリーによれば、インファークは語義上では「財産を使い果たす」「財産を譲渡する」という意味をもつが、クルアーンの聖句から導かれる意味は、自己の財産をまったく消滅させることではなく、退蔵につながる蓄財をなくすことであるという。(3) つまり「社会の利益になるように、自らの財を減らす」と解釈され、それは神の道に財を投じることにつながっている。またインファークは、「善意に満ちた、思慮深い支出」とも呼ばれ、広義には知識、技術、才能等もそれに含まれる。(4)

インファークという語は、クルアーンにおいて七三箇所に認められるというが[5]、なかでも雌牛の章の第二六一節から第二六七節においては集中して述べられている。簡潔な聖句を一つあげると、「アッラーの道のために、自分の財産を施し、その後、かれらの施した相手に負担侮辱の念を起こさせず、また損なわない者、これらの者に対する報奨は、主の御許にある。かれらには、恐れも憂いもないであろう」〔第二章二六二節〕とある。この「恐れも憂いもない」という神の言葉は、自らの善行は必ず報われるという確信を人々に与える。

このような確信をもって神に対し喜捨を行なうことにより、人々の間には、神の存在によって束ねられた互酬関係や信頼関係が構築されることとなる。したがって人々は「頼れるのは自分だけ」という悲壮感にとらわれることなく、自己防衛のために過剰な蓄財に励む必要もない。神の存在と約束された報酬を信じて、喜捨が生活の一部に組み込まれていくことにより、個人の所有と贈与のバランスが取られ、それは現世の利益と来世の利益のバランスへとつながっていく。このように個人が現世において、適切に資産を配分することにより、来世への道が開かれるのである。他方、神に対する喜捨はウンマ（イスラーム共同体）に還流し、ウンマ全体からみてもバランスの取れた財の配分が実現されることとなる。

すでに述べたように、イスラームにおける現世とは来世への通過点であり、現世における善行と悪行が貸借対照表として神のもとにある。M・ファフリーによれば、クルアーンにみられる善行を示唆する用語は、al-khayr（善）、al-birr（有徳、正義）、al-qisṭ（公平）、al-ʻadl（正義）、al-ḥaqq（正しき真理）、al-maʻrūf（許された）、al-taqwā（畏怖）であるが、このなかでも有徳に相当するal-birrという語は、あまり登場の頻度は高くないものの、最も倫理的な価値と精神をあらわしていると考えられるという。[6]そしてそれはクルアーンの「あなたがたが、心から愛しているものを喜捨しない限り、正義をまっとうしえないであろう。あなたがたがどのようなものを喜捨するか、アッラーはことごとく御存知である」［第三章九二節］のなかにも見出される。正義を貫き有徳な人間になるためには、喜捨（インファーク）を欠くことはできないのである。

さらにジャアファリーの見解によれば、贈与や喜捨を行なうことの意味と必要性は次のようにまとめられる。[7]⑴神を信じ、真理を追究し、神に対する畏敬の念をもつならば、自らの財のいくばくかを貧困者に与えなければならない。⑵生活が荒廃し、労働力が衰退し、その回復の処方を模索しなければならない事態に社会が陥る前に、適切な出費をしておかなければならない。⑶生命と財産をなげうって、神の道における闘いを行なわなければならない。⑷来世において天国に迎えられることの引き換えに、神は信徒の生命と財産の両方を買い上げる契約を交わしているのであるから、財産を出し惜しみしてためこんではならない。

ここからも喜捨の意味が、現世と来世の両方のレベルから構成されていることがみてとれよう。

## 神を仲介とする喜捨

イスラームにおいては、インファークは人から人への贈与のかたちをとるにせよ、その意味は神への貢献であることから、喜捨を行なったことで恩着せがましく振舞ったり、他人よりも上位に立ったように考えたりしてはならないと明言されている。クルアーンには「信仰する者よ、あなたがたは人々に見せびらかすため、持物を施す者のように、負担侮辱を感じさせて、自分の施しを無益にしてはならない。またアッラーも、最後の（審判の）日も信じない者のように……」［第二章二六四節］という聖句があるように、自己顕示や優越感を得るために行なう施しを不信心にも匹敵するものとして示している。

喜捨が神を仲介としてなされることにより、贈与という行為が人々の間に〈施す者〉と〈施しを受ける者〉という主従関係を生むことはない。この点については、実際、喜捨の受取り手が、日本風に頭を下げて「おありがとうございます」という仕草をしないところからもうかがえる。もともとムスリムが跪拝したり頭をたれたりするのは、主なる神の御前のみであり、喜捨への感謝もまずは神に向けられる。しかし、この理屈はわかるものの、あの堂々と喜捨を受け取る場面に出会うと、当初、日本人は戸惑うものである。

この点について中村哲著『ダラエ・ヌールへの道』のなかで紹介されているバーザールでの経験談は、喜捨をめぐる考えの相違が明確にあらわれていておもしろい(8)。そのくだりを要約して紹介すると、中村氏がペシャワール（パキスタン）のバーザールで、職業的乞食とおぼしき男に対して小銭を施したところ、その男は当然とばかりの素振りをみせ、ありがとうの一つでもない。そこで一言、「人から施しを受けるにしては少し態度がデカいのではないか、『済みませんが、いただけないでしょうか』くらいの腰の低さがあった方が、実入りが多いのではないか」と問いただした。するとその男は、「あなたは神を信じるムサルマン（イスラーム教徒）ではありませんな。ザカート（施し）というのは貧乏人に余り金を投げやるのではありませんぞ。貧者に恵みを与えるのは、神に対して徳を積むことですぞ。その心を忘れてはザカートではありませぬ」と答えた。そこで中村氏が、自分はらい病治療のためにはるばる日本から来ており、この仕事は喜捨ではないかと問うと、その男も同意したので、「この仕事に施しをすれば神が喜ぶ」といって手を差し出したところ、その男がそれまでに集めた小銭を躊躇なく中村氏に渡したというものである。中村氏は、議論の成り行きとはいえ、何か大切なものを冒瀆したような気がして畏れを覚えたが、それと同時に、現地の人の心の豊かさを実感したという。

この話にもみられるように、喜捨を受けた者は喜捨を行なった者に対しては、感謝の意をあらわさない。なぜならばその喜捨は、神から受けたものだからである。喜捨を受けた者は神に感謝し、喜捨を行なった人に対しては、「神の御加護を」という言葉をかける場合が一般的である。喜捨を行なう者は、余剰の富をもっている状況を神に感謝し、他方、喜捨を受ける者は、神からの恵みに感謝するというように、双方とも神に対する感謝でつながっているのである。

## 支出としての贈与

イスラームでは贈与に関しても、支出という経済用語によって説明がなされるが、これは贈与が決して市場と切り離された行為ではないことを示している。しかしイスラームの贈与が市場における交換に類似した側面を示すのは、現実の市場ではなく、神との間の契約にもとづく交換においてである。人間はシャリーアに示された義務を履行しなければならないが、それは喜捨をはじめとする善行を積むことであり、それに対して神は返礼を約束している。返礼はクルアーンでは報奨という言葉によって示され、具体的には来世における天国である。

「信仰して善行に勤しむ者は、楽園が住まいで、それには善行をしたことへの報奨である」

[第三二章一九節]。

喜捨のさまざまなタイプについては第2章において述べたが、神との基本的契約は、イスラームの六信五行の行の一つであるザカート(喜捨)にある。ザカートにはアラビア語の原義としては〈成長〉の意味があり、それは「正しい行ないによる魂の純化にともなう成長」という意味へと転じている。(9) さらには、男女を問わずすべての信者がイスラーム共同体の便益と進歩のために、すなわち〈ウンマの成長〉のために社会的な支援を行なうという比喩的な意味も含まれている。

ザカートを課す対象は、現実的な生産の結果としての農業生産物や畜産物、事業益と、潜在的な生産性を有する金銀やその他の貨幣による貯蓄である。(10) ザカートは人が自然や社会に労働を介して働きかけた結果に対してなされるのであり、土地などの固定資産などはその対象ではない。収穫物や事業益は、それらが個人の労働によって得られたものであっても、社会的な部分と個人的な部分から構成されているととらえ、その社会的な部分をザカートとして拠出する。ただしイスラームでは私的な領域を社会の犠牲に供することがないように、ザカートを納める義務を負うのは年間の収入が一定(ニサーブ)以上に達している者に限られ、いったんザカートを支払えば、その残りは私的な所有物となり、いかなる者もその財産権を侵害することは許されない。(11)

このように喜捨は、個人の利益が社会に対して働きかけて得た利益、社会あっての利益であり、人と社会は互いに不可分であることを認識させ、人と社会の相互補完性と相互浸透性が断たれないようにつないでいる。第2章において述べたが、義務としての喜捨は徴収官によって集められ、他方、自由意志による喜捨は、直接、人々の間でなされたりモスクに集められたりする。自由意志の喜捨には、土地や、学校、病院、モスクなどの施設を寄進するワクフなども含まれる。いずれにおいてもそれらはいったん神に贈与されたものが、次に神からの贈与として人々に再分配されていくという経路をたどる。

共同体内の非ムスリムはザカートの支払い義務を負わないが、受益者には加えられている。非ムスリムであっても、貧しく援助を必要とする場合には、共同体の一員としてその分配にあずかることができる。(12) イスラーム共同体は、ムスリムと非ムスリムの共存の場でもあり、神を介しての紐帯が喜捨を通じて両者の間に形成されている。

## 自覚的な喜捨

イスラームにおいては神の命じる喜捨が実践されるか否かは、イスラームの共同体全体の繁栄と衰退に直結している。したがってイスラームでは、社会において極端な経済格差が出現してバランスを大きく欠く事態は、この喜捨のサイクルが鈍化し富の流動性が低下した結果を示すものに他ならず、タウヒード的関係性が弱体化した証、すなわち信仰心の衰退とみなされるのである。このようにイスラームにおける信仰とは、礼拝の作法ばかりを気にかけて、礼拝の時刻を守っていれば良いというものではなく、喜捨などの社会的実践がともなわなければ意味をなさない。

M・H・タバータバーイーは『イスラーム経済哲学』のなかで、現代社会にはびこる不正の原因は、贈与の扉を閉ざして、新たに利子に対して門戸を開いたことにあり、これは将来、人類を危機にさらすことになろうと述べている(13)。これは約三〇年前に指摘されたことであるが、シーア派の碩学で、哲学に造詣の深いタバータバーイーは、贈与が縦横無尽につないできた共同体の絆を、利子的な増殖を前提とした交換が断ち切ることの意味を存在論の観点から憂えている。

ところでイスラームにおける喜捨、特に絶対的義務として一定の収入に対して課せられるザカートは、近代国家の税金にたとえられる場合がある。確かに公共政策、福祉政策の財源となる点では類似しているが、両者の相違は、意志(ニーヤ)の有無にある。一般的に税金といえば個人の意志とは無関係に納める側面が強く、不承不承納める者や、源泉徴収のように意識せぬまま支払っている者、脱税の抜け道を探る者などさまざまだが、イスラームではもし喜捨がそのような心持ちのままなされれば、それは善行としては無効となる。また喜捨を受ける側の貧者や孤児に対して、恩着せがましく振舞ったり、現世における名誉欲から、喜捨のかたちをとって寄付を行なったりしても、その行為は無効である点はすでに述べたとおりである。イスラーム教徒は礼拝を通じて日に五回、神との契約を確認しているが、この喜捨を行なうにあたっても、贈与を行なう者や分配に携わる者は、神の道において、すなわちイスラーム共同体の公益のために行なっていることを自覚し、また贈与財にその意志が付随して人々の間を巡っているか否かが重要なのである。

## 神からの絶対贈与

イスラームでは、人と人との関係において、〈施す人〉と〈施しを受ける人〉といった直接的な贈与関係はないといってよい。贈与は必ず神を経由しているので、たとえ困窮者に直接施しをするかたちをとっても、その贈与に対して優越感を感じてはならないと同じく、おこがましさを感じる必要もない。人間の喜捨への思いは神に向けられる一方、人間間の贈与行為は、シャリーアに法制化された義務として合理的に淡々と行なわれる環境が整えられている。

イスラームの贈与関係をみると、まず人間に対する神からの贈与があり、その贈り物は存在そのものと知性であり、また生きるに不可欠な他者たちと自然という存在界全体である。神が人間に存在を授けるという贈与は、相互性を超えた、絶対贈与と呼ぶべき一方向の贈与であるととらえられ、そこでは神と人間の互恵性や、人間が負債に対して神に返済するという関係は成立しない。存在を贈与された人間は、何をもってしても返すことのできない贈り物の主である神に対して絶対的に服従し、供犠を捧げ、その絶対性に対して畏怖の念を抱くとともに、神からの気前のよい、慈愛に満ちた贈与に対して感謝の念をあらわすのである。

神による創造は、何とも交換することは不可能であり、返礼というかたちをとることもできない。むしろ返礼のできない絶対贈与を受けたことにより、神の下僕となり、神が定めた法令に服従して生きるのである。M・モースは、贈与に対する返礼の義務を遂行できない場合、贈与者の奴隷となることが制裁として課せられると述べているが[14]、イスラームではこの関係が人と人の間ではなく、つねに神と人の間に形成されている。そして神の下僕となったことで返礼の義務感、つまり負い目から は解放され、今度は神の下僕として守るべき法令シャリーアにしたがうのである。そのシャリーアに、人間が神に対して行なうべき贈与の義務が定められているのである。

クルアーンには、孤児、旅人、困窮者などに喜捨をすることが義務や奨励として示されているが、これらの行為は上述したとおり、神の道に財を投じることであり、贈与の究極的な対象は神である。それに対する返礼はその贈与を受けた孤児や困窮者が贈与者に行なうのではなく、神によってなされる。困窮者が受ける施しも、神からの贈与であるがゆえに一方向的であり、互酬的な意味における返礼を行なうことは不可能である。

**神への貸付け**

すでに述べたようにシャリーアにおいては、今度は神が絶対権力者として人間に対して贈与を求め、それに対する慈愛に満ちた報酬を与えることも述べられている。だが他方、人間が喜捨という贈与を行なう動機には、神の慈愛に満ちた報酬にあるだけではなく、贈与をせよという神の命に背いた者を待ち受ける神の懲罰への恐怖もある。

「だが掟に背く者の住まいは地獄の業火である。そこから出ようとする度にかれらはそのなかに引き戻され、あなたがたが虚偽であるとしていた、業火の懲罰を味わえ」[第三二章二〇節]。

人間から神に対して行なう贈与は、存在を授けたことに対する返礼ではなく、絶対的な神の権能、偉大さを受け入れた証でもあることから、喜捨の多寡は、信仰心、およびシャリーア遵守の程度のバロメーターとなる。喜捨は神によって受領され、その浄財の分配も神の仲介をもってなされることにより、人々の間に神の被造物としての一体感、すなわちタウヒード的関係を実感させる。そしてこのような仲介が可能なのは、人でもなく、国家でもなく、市場でもないのである。

しかし興味深いことにクルアーンには、喜捨が贈与と返礼という贈与関係によって描かれている箇所がある一方で、貸付けに対する返済という貸借関係によって語られている箇所もある。

「施しをする男と施しをする女とアッラーに良い貸付けをする者には、かれはそれを倍にされ、（その他に）気前のよい報奨を授けるであろう」［第五七章一八節］。

「…礼拝の務めを守り、定めの喜捨をなし、アッラーに立派な貸付け（信仰のための散財）をしなさい…」［第七三章二〇節］。

人間の間では貸付けを倍にして返済することは許されないことであるが、これは万物の創造主である神との間によってのみ可能な不等価交換であり、また神が返済として差し出すものは、天国という永遠の住処である。価値の増殖は、神の御許でのみ可能であり、人間が神の代理として管理する現世では認められないのである。神への貸付けと来世における報奨は、現世における交換では認められなかった象徴的価値をすべて包摂し、現世において象徴的価値が浮遊して膨張する余地を与えない。

神への貸付けというレトリックがイスラーム勃興時や拡大時に商人に強く訴えかけたであろうことは想像に難くないが、喜捨＝貸付けが意味するところはこれにとどまるものではないと考えられる。イスラームが喜捨をはじめとする贈与を神への貸付けとして示している点は、反対に、神に対する贈与を、存在という負債に対する返済とみなす他の宗教とは際立った違いを示し、それはさらに生きる姿勢や現世との関わり方に明らかな相違となってあらわれている。

## 負い目と贈与

M・ゴドリエは、キリスト教とヒンドゥー教を例にあげ、人間が神々に対して始原の負債があると指摘した。キリスト教に関しては、聖トマス・アクィナスの「人間は神に負うている何ものも、神に返すことはできない。決してその負い目をなくすことはできないだろう」という言葉を引き、人間は神に対して二つの負い目をもち、返済不可能な二重負債があると述べている。(15) その一つは世界創造の時、すなわち人間が存在を得た時の負い目であり、二つ目はアダムとイヴが楽園を追放された時の原罪を償うために、神の子イエスが磔刑に処せられた時の負い目である。さらに原罪のないヒンドゥー教においても、負債は人間的本質の構成要素として位置付けられている点を示し、負債が完全に帳消しにできるのは、絶対的解脱(モクサ)に達して、負債の存在しない世界、至高の宇宙我、絶対と一体化することであり、そのために禁欲苦行に励んだり、社会生活を放棄したりする人々がいることを述べ、生きることと負い目感情の関係を指摘した。

このように生きることが負債であり否定的である教えにおいては、俗世を捨てて死なずしてこの世から身をひく、禁欲するために礼拝や労働に没頭する、ないしは代理の生命である供物や供犠を行なうなどして、負債の返済に励むこととなる。(16) また別の観点からみれば、存在を始原の負債ととらえることは、神の贈与に対する反対給付が可能である立場に人間がいることを示していることともなる。たとえごく限られた少数の者であっても、必死の返済努力をして完済へ向かうプロセスである禁欲主義を貫いた後には、絶対との一体化が可能となる道が開かれているのである。それは債務奴隷からの解放が、主人との対等性を意味するのと同様である。

しかしイスラームでは、このような可能性は一切閉じられているといってよい。神と一被造物の人間との間には、相互性、対称性を拒む絶対的な超越性が横たわっている。イスラームにも神秘主義があり、クルアーンの内的な意味の解釈に努め、精神的な修練を積む信者たち（スーフィー）がおり、神の元へと向かう上昇の旅は存在するものの、それは神との合一、混合を意味するのではない。M・ハミードッ＝ラーは、この点に関し、ムスリムは上昇の旅を神との合一を意味する〈コミュニオン〉という言葉を用いずに、〈ミアラージュ（上昇）〉という言葉で表現していると指摘する。(17) そしてその到達点はあくまでも人間の最高水準であり、完全な人間である預言者のレベルなのである。

したがってイスラームにおいては、「生を授かる」という、返礼の不可能な贈与を受けた人間は、神の下僕となり、同時に負い目感情からも解放される。よって生きることに負い目はない。シャリーアにしたがって生き、生活に積極的に関わるなかで善行を積み、神の報奨をめざして生きることが人生の目的となる。このようにイスラームにおける人生のスタートラインには、負債も貸付けもない。それらが発生するのは、シャリーアに反した生き方か、それに準じた生き方かにかかっているのである。

また他方、中沢新一は、志賀直哉の『小僧の神様』において、秤屋に奉公する小僧に匿名で寿司を振舞った貴族院議員の苦悩を、神のみに可能な、返礼なき純粋贈与に限りなく近い贈与を自らが行なったことによって引き起こされたものと解釈している。(18) このように畏れ多くも神に成り代わってしまったという別の負い目も、イスラーム的な贈与においては回避されよう。なぜならば貴族院議員の行なった贈与をイスラームにもとづいて解釈すれば、それは神に向かってなされた贈与となり、小僧に対して行なった贈与とはならないからである。よって小僧が「神様のおかげ」と感謝しても、その神は決して自分とは二重写しとはならないのである。

中沢は、近代資本主義社会では純粋贈与という神のみが可能な贈与と人間の行なう贈与が一体化し、その絶対性が消滅したことで、贈与が極度に不安定な立場になったと指摘する。そして「交換の原理は、まるで肌を接するようにして贈与の原理につながっていき、その極限には神の領域に属する純粋贈与の原理があらわれる」と表現した上で、その全体性としての経済がゆらいでいることを示している。[19]

### 交換と喜捨の関係

すでに述べたとおり、イスラーム圏は商業のネットワークによって拡大し、西欧におけるよりも古くから市場経済が発達していた。A・ルグトやA・フランクの研究によってもこの点は明らかとされ、[20]またシルクロードをはじめとする商業ルートのいたるところにあるバーザールの歴史がそれを物語っている。イスラームの初期イスラーム共同体においても、交換経済を否定することはなかった。むしろ価値の数量化に関する合理性が経済の公正な繁栄に活かされることが奨励された。第2章で詳しく述べたように、イスラームでは不等価交換の発生を防ぐために、物々交換ではなく貨幣を媒介とした交換が勧められ、単なる交換、財の移動においても価値の増殖(リバー)につながらないようにするなど、交換経済に関する法令がシャリーアに多く定められている。さらに公正な取引のための公正な市場開設に向けての経済改革が、初期に多方面から行なわれた[21]。

イスラームにおいて交換経済があえて純粋な市場経済へと転化して資本主義化せずに、中沢の表現を借りれば、「交換と贈与が肌を接するようにつながっている」のは、贈与のみならず、交換も神の領域とつながっていることと関係している。人間のレベルの交換経済と贈与経済が神による絶対贈与によって結合・包摂され、経済全体を構成しているのである。イスラームのタウヒードの世界観にもとづけば、市場における交換も神の恩恵によるものとなり、この点はシャリーアの法源でもある預言者の言行にも残されている。

「イブン・アッバースによると、ウカーズとマジャンナとズ・マジャーズはジャーヒリーヤ時代の市《いち》の立った場所であるが、イスラームの時代になったとき、信徒達はそこで取引をすることを罪として避けた。このとき『汝らが主の恩恵を求めて祈(り巡礼中に商売す)るのは罪ではない』［クルアーン　第二章一九八節］という言葉が下された[22]」。

ジャーヒリーヤとはイスラームの啓示の下される以前の時代を指すが、当時の状況は第1章で述べたとおり、市場的な交換の原理の拡大によって部族間のみならず、部族内にも分裂、孤立が生じ、集団、社会としての一体感が失われ、対立が激化していた。そのような状況に対してイスラームは、市場における交換経済を禁ずるのではなく、その合理性を活かした一方で、それに喜捨という新たな経済を結合させたのである。それは交換で得た利益の一部を喜捨のルートに乗せ、いったん人間間の交換の流れの外に出し、その配分を神に託し、その喜捨の恩恵を受けた者が市場の交換に参加するという循環である。市場内を行き交う流通と、市場の外を経由する流通とを縫合するがごとく結びつけることにより、交換関係が一対一の関係に終わるのではなく、一から多への関係へと発展し、人々全体に一体感が創出され、ウンマとして統合されていくのである。ここでは贈与と交換が、聖性と俗性にそれぞれ対応するような二元的関係にはない。

上述したように、イスラームは喜捨の義務とともに、利子の禁止をはじめとして所有権や投資の規定など、財の交換に関してきめ細やかな指示を七世紀の預言者の時代に下している。そのように古い規則は無用の長物と思われるかもしれないが、イスラームの構造をいま一度思い起こせば、これらの諸原則が預言者の時代にすでに定められていたことが注目される。なぜならばクルアーンと預言者の言行という、法源としてのこれらの諸原則は、イスラームの全時代を貫いて、解釈の基盤としてゆるぎない機能を発揮し、時代に則したシャリーア・コンプライアンスを人々に提示するからである。

このようにイスラームの特徴は、人間のレベルの贈与と交換が神による絶対贈与と絶対交換によって結合・包摂され、寄せ木細工の一片のように経済全体、そして社会全体を構成している点にある。すでに述べたように、絶対贈与は現世における存在の贈与であり、絶対交換は来世における永遠の生とみなすことができる。来世の生も神のみに可能な絶対贈与であるが、他方では、善行と天国が交換され、悪行と地獄が交換されるという、交換の側面もある。イスラームでは人間間の交換と喜捨の関係が織りなす関係の連鎖は、イスラームの世界観であるタウヒードの現実態の一つに他ならない。交換経済も喜捨経済もタウヒード的なつながりによって結ばれて不可分な関係にあり、絶対的な贈与と交換へとつながっているのである。

そして市場において交換経済と喜捨経済がバランスよく共存することを可能にしているのが、シャリーアなのである。イスラームでは市場に神は不在ではなく、神は交換経済における公正さに対して目を光らせ、交換当事者の他にも利益が配分されるように導いている。〈神の見えざる手〉ではなく、〈神の導きの手〉を人々はつねに意識しながら、市場における財の交換が勝手な富の増殖とならず、市場内で取引された富の一部が喜捨の経路にも放出され、再び市場に還流するサイクルが確立するように、ビジネスを行なうのである。

## 喜捨の制限

これまで交換と贈与のバランスの重要性を述べ、現代の状況に照らしながら、交換に凌駕された市場のマイナス面についてみてきた。だが贈与も方法次第では自己犠牲や他者依存など、人間の自立に多大なマイナス影響を与える場合がある。

イスラームでは、このように贈与がマイナスに機能しないように、まずは自分と家族の生活を打ち立て、余剰を喜捨していくことを指示している。預言者の言行として、ある信者が遺言をする際にすべての財産を共同体に寄付する意向を示した時に、預言者は、自分の家族のためにも残すように指示し、全体の三分の一の喜捨でも「かなり多い」と述べたと伝承されている。[23] 遺言によって債権者と相続人以外の人に対して行なうことのできる遺産配分は全体の三分の一であるが、喜捨もこの規定に含まれる。ザカートにおいてもニサーブ（一定の収入基準）が決められており、巡礼も日常生活に支障のない資力を有することが参加の条件となっている。また私財をなげうって隠遁生活をし、自らを社会から隔絶することも正しい生き方とはみなされない。イスラームでは贈与と交換の流れは、私的領域と社会領域をつなぐ重要な潤滑油となっている。

また一般的には贈与が他者依存を強め、自立の芽を摘んでしまうとしばしば指摘される。現在では、一九六〇年代から七〇年代の世界的傾向であった手厚い福祉、幼稚産業保護、発展途上国援助等は人々を贈与漬けにした温床かのように扱われ、その反動ともいえるかたちで自立が声高に叫ばれている。確かに子育てを例にとれば明らかなように、贈与は一定期間を経た後に、必要の度合に応じて適宜、緩和しなければ自立の芽を摘んでしまう。また自立を可能にする体制づくりも重要である。

しかし贈与が受け手の依存傾向を強める背景には、受け手よりもむしろ授ける側に問題がある場合が多い。それは贈与を支配の手段にすることである。子どもの自立を阻みコントロールしようとする親、大衆迎合的なばらまき政策を行なう国家、発展途上国の真の発展を好まずひもつき援助を続ける先進国等、身近な例は山ほどある。支配の手段となった贈与は、相手から返礼の機会をすべて奪うかたちで行なわれ、生殺与奪の力となって相手を圧倒する。

だがイスラームではこの点に関しても、監視の手をゆるめない。喜捨を行なった者が傲慢に振舞ったり、相手に負い目を感じたりさせてはならないことは無論のこと、それを支配の手段とすることはもってのほかとされる。イスラームにおいて支配者は神のみであり、その座に君臨しようとする人間に厳罰が下されることも、クルアーンでは繰り返し述べられている。

またイスラーム社会ではたとえ零細な資金であれ、それを元手に自立可能にするために、ザカート・ファンドやカルド＝ル＝ハサン（美徳の貸付け）を通じて融資し、あらゆる人々が交換経済に参加できる機会を与えている。他方では、利子膨れの資本を排除していることから、それによる独占も回避され、零細な資本が立ち行く余地を与えている。自らの必要を自らの労働で満たす道が開かれていることで、喜捨が依存体質の温床になることを防いでいるのである。

**イスラームにおけるトリクル・ダウン効果**

イスラームでは、必要の域を十分満たしてもなお蓄財し、権力と支配の源泉に転化した場合は、アッラーに対する最大の反抗となる。たとえ財の増殖方法が正しくとも、その後の使用・処分・分配方法を誤れば、莫大な蓄財そのものがシャリーアに反したビジネスの証となる。よって公正な財の配分は健全な経済状況をつくり、ビジネスを活性化するために不可欠であることから、きわめて重要であるとみなされる。シャリーアでは、余剰資産を有する者には社会投資や喜捨、遺産相続を通じて社会へ再分配することが義務化されたり、奨励されたりしている。個人や企業の余剰利益は、これらの法令を遵守することにより、満杯になったコップから水が、徐々に流れ出るがごとく段階的に各階層へと移転していき、所得の階層格差を縮小していくのである。

これは近代経済学においてトリクル・ダウン効果と呼ばれるものと同様の効果であり、近代経済理論を構築したA・スミスやD・リカードもめざしたことであった。プロテスタントのスミスも、ユダヤ教徒からクウェーカー教徒へ改宗したリカードも信仰心の篤い学者で、自由経済理論の構築の動機には、一八世紀から一九世紀のイギリスの貧困問題解決が大きく影響しているといわれる(24)。

そこには、まずはあらゆる規制を撤廃した自由主義政策をとれば、資本はつねに利潤最大化に向かい、資本を有する富裕者層のなかで増殖した富が一種の飽和状態となり、限界を超えた富は富裕者の手元から自然に滴り落ちるという仮定があり、それは個人同様、企業にも適用されると考えられた。そして現在の新自由主義の経済政策においてもトリクル・ダウン効果の期待のもと、規制の完全撤廃や、大企業、富裕者を優遇する税制に向けての改革が実施され、それらの政策を通じ巨万の富を稼ぎ出している多国籍企業や大実業家も、トリクル・ダウン効果を自己正当化の根拠の一つにしている。

しかし新自由主義の経済政策にもとづく改革は、世界中のいたるところで所得格差を拡大させるばかりである。富が上方に吸い上げられることはあっても、下方に滴り落ちてくることはなく、まったくの逆転現象が生じている。そこでは好景気は一部の階層の人々にしか実感されず、かつて中間層を形成した人々が貧困層へと吸収されつつある。

このように新自由主義政策においてトリクル・ダウン効果が得られないのは、当然の帰結であろう。自由主義の仮定によれば、人間の欲望には限りがあるゆえに、そこで生じた富の余剰は善意と隣人愛が原動力となって貧者に対して流出するはずだが、経済に対する規制を完全撤廃しておきながら、人間の欲望だけが自然に抑制されることなどありえない。なぜならば完全自由主義経済は、人間の欲望も全面解放し、主体的欲求のおもむくままに行動する経営者と消費者を新たに誕生させることにより成立するからである。

## 欲望の有限性あってこその余剰

確かに利権化した規制の数々を廃止し、硬直化した市場を改革するための政策は重要であるが、それと規制を完全撤廃する政策はまったく別の代物である。何の規制も受けない完全に自由な経済政策のもとでは、欲望が限りなく膨らみ、それを満たすために他者を抑圧することもいとわない状況を生み出す。人間の欲望の容積が増加すれば、そこからあふれ出る富の余剰がないだけでなく、その容積を満たすために弱者からも富を巻き上げることになるのである。余剰は一定の限度枠があってこそ生じるものであるにもかかわらず、新自由主義が掲げるトリクル・ダウン理論には、一方で欲望の容積を限りなく膨張させておきながら、富に余剰が生じると仮定する矛盾がある。

そしてこのようなトリクル・ダウン理論に対しては「ユダヤ・キリスト教の出自をもつ経済学者の頭のなかからしか生まれえなかった。それは聖書のパラダイスの物語にそっくりだ」という批判が、西欧社会からも向けられている[25]。聖書には、天国は示唆されていても、どのようにすれば行き着くかという点において具体性を欠いている。欲望の抑制にしても、財の移転にしても、愛という抽象レベルに託されたままであり、現実の行為として表出するプロセスが示されていないことが、理想郷をヴァーチャルなレベルにとどめてしまう。また一六世紀のキリスト教における宗教改革は、信仰を行為と結びつけるものであったものの、信仰の方向はつねに神に向かう傾向があり、信仰心の篤さを示す禁欲と天職の全うの証は、信者の蓄積が天高くそびえることによって示されるという側面をもっている。

他方、イスラームでは、利他的な善意によって自然に余剰資産が貧困者へ分配されるという仮定はない。むしろ利己的な欲求を認め、それを来世のレベルに解放していく道筋が示されている。それは、神への愛と畏怖ゆえに余剰資産を神に贈与し、それらが神の仲介によって困窮者のもとに配分され、喜捨した者は天国という報奨を得る一方、喜捨を渋って蓄積に精を出した者は地獄に行くという具体的な経路と方法である。それらは単に道徳的な美辞麗句ではなく、リアリティーをもって実践的にシャリーアに示されている。

現世における富への欲望を抑制させるのは来世の存在である。ムスリムにとって来世は単なる想像の世界ではなく、現世から続く自己存在の場である。そこには永遠に続く新たな人生がある。来世で天国に迎え入れられ、創造主アッラーの尊顔を拝する誉れを得るために、現世では欲望に制限を加えることができ、その結果生じた余剰が喜捨へと向けられるのである。

イスラーム圏では街角に設けられた喜捨箱に仕事の合間に駆け寄って、硬貨を投じる庶民の姿や、バーザールの雑踏でチャードル姿の女性の手にさりげなく硬貨が差し出されたりする場面は珍しくなく、その動きも意識して観察していないとわからないほど素早い。大富豪だけではなく、決して豊かとも思われない人々も少しずつ喜捨を行なっている。このようにさまざまな階層から絶えず余剰のしずくが流れ落ちることにより、イスラームではトリクル・ダウン効果が実際に生じるのである。

## 一体感の醸成と五行

社会的公正を欠いたことによって生じた分裂と対立が深刻化するなか登場したイスラームは、私益と公益とのバランスを最重要視している。シャリーアから導かれる経済システムでは、公私は相互補完的な関係にあり、公益を犠牲にしては私益は成り立たず、その逆も真という立場が貫かれている。しかしこれが現世のレベルの公益と私益であれば、それは所詮、ゼロサム・ゲームであり、どちらが優勢になるかは人間の良心と主観にのみ頼らざるをえないこととなる。またこの閉じられた世界においては、「自分は他人を助けても他人は私を助けず、他人を助けることが自分の没落になるかもしれない」というように葛藤も生じ、そこでは信頼ではなく、不信と裏切りが前提となる関係が築かれる。

利益の配分における「持ちつ持たれつ」の関係に対する不信は、援助の手が差し伸べられない貧困に対する恐怖へと転化し、自己防衛としての蓄財に励むことになる(26)。しかしイスラームでは、神の存在がこのような不信の連鎖を断ち切っている。畏れるべきは神であり、貧困ではないという確信がそこにはある。神の教えを信じ、交換と喜捨を適切に行なえば、個人が得る現世の利益と来世の利益のバランスが取られ、他方、ウンマのなかにおいても適切に財が配分される。この循環を可能にするためには、神の存在への確信はもちろんのこと、神を中心としてムスリムたちがつながっている実感がムスリムの間にあることが重要であり、そのような一体感が彼らの相互信頼を支えているのである。

この一体感と相互信頼を確認し強化するのは、喜捨だけではない。喜捨を含む五行すべて〈信仰告白〉〈礼拝〉〈断食〉〈喜捨〉〈巡礼〉は、ムスリムに神を介した一体感を実感させる重要な機会を与えている(27)。第一の信仰告白は、「アッラー以外に神はなく、ムハンマドはアッラーの御使いである」と公の場で唱えてムスリムとなり、この告白を繰り返し行なうことで自らの信仰を確認する行為である。この告白の意味は、アッラーの啓示であるクルアーンを受け入れ、それを実践した預言者ムハンマドの言行の正しさを信じることを表明することにある。そこではシャリーアを自らの生活の規範として生きる意志とウンマの一員としての義務と責任を果たすことの決意が公となり、神との契約にもとづいた連帯性が確認される。

第二の礼拝は、通常一日に五回行なうが、これは個人的な現世御利益的な祈願を行なっているのではなく、一定の礼拝の作法にしたがって神への絶対服従を確認し、神の徳を讃えている。服従を示す身体技法の平伏の姿勢は、神の御前のみでなされるものである。このような神のみへの服従は、転じて、人間間の支配関係を否定することにつながる。

礼拝はメッカにあるカアバ神殿の方角(キブラ)に向かってなされる。黒田壽郎はこのキブラを〈神の虚点〉と表現し、信徒たちがそこに向かって一斉に礼拝することによって、彼らのすべての信仰のエネルギーがキブラに収斂されると説明している。礼拝を通じて統合された信仰心が、存在の分有の始点であるキブラに収斂することにより、ともすれば非存在とも思われかねない神を「万有の主であるアッラーに再定位する」という。[28]

集団礼拝の形式をとる金曜日の正午の礼拝は、さらに信仰心の統合を高めるものであり、信徒の一体感を強化している。信徒たちはモスクに集まって集団礼拝を行なうが、そこは神と個人の関係が共同体的な広がりをもつことを具体的に実感する場でもある。メディア映像からでも、いくばくかの迫力は伝わってくるが、実際に集団礼拝のなかに身をおくと、さらなる迫力に加えて集団性の圧力が感じられる。

ところで「ムスリムは日に五回も礼拝するので仕事にならないのでは」という質問をたびたび受けるが、五回の礼拝は具体的に次のように行なわれる。(29) ①早朝の礼拝（日の出一時間半前から日の出前まで）、②昼の礼拝（正午一五分後から三時間以内）、③午後の礼拝（昼の礼拝から三時間以上経過した時から日没前、約一五分頃までの間）、④日没の礼拝（夕焼けが消えた日没後から夜の礼拝の呼びかけが始まるまでの間）、⑤夜の礼拝（日没後一時間半から夜半までの間。就寝前の礼拝）。

礼拝は、所定の言葉と動作からなる一連の単位（ラクア）で構成され、各礼拝のラクア数は異なるが、所要時間にすれば最長でも一五分程度である。就業時間を午前九時から午後五時とすれば、それと重なる礼拝の時間帯は②のみであり、日没時刻や残業によっては③④もかかるが、三時間ごとに一〇分から一五分程度のリフレッシュ・タイムをもつことは、就業慣行からしても長すぎるとはいえないであろう。このように礼拝は、仕事の非効率性とは無関係なのだが、その実情がわからぬまま、五回という回数がイメージをつくり上げ、独り歩きしているようである。イスラーム圏のローカル企業には、福利厚生の一環として工場やオフィスの一角を礼拝室に当てていることが多いが、そこに進出する外国企業も同様の配慮が必要である。

五行に話を戻すと第三の義務である断食は、日の出から日没までの間、イスラーム暦の断食月に当たるラマダーンに行なわれる。ただし病人、妊婦、子ども、高齢者、旅人は、この義務を免除される。断食の間、人々は欠乏を経験し、身体的な欲求を抑制する精神的修練に励むこととなる。そして欠乏状態に苦しむ人々と経験を共有する機会ともなり、分かち合いの精神も同時に培われる。

この行も集団で行なわれ、連帯感をもって苦境を乗り切っていくのである。日没後には、親戚や友人が一堂に会し、感謝の夕げをとることが多く、ラマダーンの間は社交の機会も増える。ただし断食は日常生活と変わらぬ環境で行なわれねばならず、瞑想にふけったり、仕事を怠けたり、空腹逃れに寝たりして断食をするのでは意味がない。

第四の義務の喜捨に続いて、第五の義務として巡礼がある。巡礼は年に一回、イスラーム暦の巡礼月にメッカのカアバ神殿にて催され、世界各地のムスリムがそこに集う。ただ巡礼に行きさえすればよいというものではなく、巡礼に必要な旅費はもちろん、留守宅の生活に支障をきたさないというように、生活がしっかりと確立された状況にあってはじめて巡礼におもむく資格が満たされる。もちろん信仰の大きな節目でもある巡礼に参加するためには、日々の生活においてイスラームの教えの実践を積み重ねていることが大前提である。

礼拝の方角がカアバ神殿のあるキブラであることはすでに述べたが、信仰心の篤いムスリムがカアバ神殿に集結し、国籍、肌の色に関係なく、白装束を身にまとい、ひたすら神の下僕として同じ行に励むことにより、信仰心の収斂のエネルギーが礼拝時よりもさらに高まり、その力が虚点を実点へ、すなわち神の存在を実感する状態に人々を導くのである。(30) なかでもカアバ神殿の周囲を七回巡るタワーフという行では、ムスリムの一体感は最高潮に達する。そしてこの一体感こそが、神の存在を人々に実感させるのである。

喜捨以外の四つの行をかけ足で説明したが、ここでは五つの行を通じて人々が共時的体験をすることにより、全体としての共同体とその一部としての自己を実感させる契機となっている点を示すにとどめた。このまとめとして再び引用すべきは、「宇宙の秩序といった問題を除いては、社会体制に関わるすべての事象についてナース（民衆）とアッラーは同義なのである」というシャリーアティーの解釈であろう。(31) 多数からなる民衆のなかに、社会的行為を通じて自己を関係付け一体化することによってアッラーの存在を実感するという、まさにタウヒードの世界の具象の代表格が五行なのである。

## バーザールにみる交換と喜捨

人々の信頼や互助的関係を支える一体感が、イスラームの五行のなかに集約されている点をみたが、イスラーム圏といえどもこの一体感にゆるぎがまったくなかったとはいえない。特に近代化の波が押し寄せ、近代的な地域の再編成によって、かつては広範に広がっていたイスラーム圏が国境によって分断され、資本主義、社会主義、共産主義といった唯物的な経済制度が導入されてからは、公的な経済・経営の部門におけるシャリーア・コンプライアンスは弱められることとなった。近代化のもとでイスラーム的な社会制度は、解体や形骸化の危機にさらされ、市場においては交換の勢力が増していった。

イスラーム圏に誕生した近代国家は、イスラーム性を排除する経済政策を施行したが、他方、民衆の日常生活ではイスラーム的行為の連続性は保たれ、交換と喜捨のバランスがかろうじて維持されてきた。その場となったのがスーク（アラビア語）、ないしはバーザール（ペルシャ語）と呼ばれるイスラーム圏の伝統的な市場《いちば》である。それは民衆の参加を得たことで消滅せず、伝統的部門として現在にいたっている。

イスラーム圏に残るバーザールは、現在、ユネスコの世界遺産に多く登録されているが、それらが容易に解体されなかった理由は、建造物の美しさだけによるのではない。むしろバーザールが市場の交換機能にのみ特化せずにコミュニケーションの場となっていたことが関係している。そのコミュニケーション力は、政権をもゆるがす力を発揮する。一九七九年のイラン革命においてみられたように、反体制の世論の形成には、バーザールが大きな役割を果たした[32]。

バーザールは、迷路のように張りめぐらされたおびただしい数の小路からなり、そこに店舗、工房の他に、モスク、マドラサ(イスラーム学舎)、浴場、茶屋などがある[33]。黒田美代子著『商人たちの共和国』によれば、そのような施設を介してそこに集う人々は、単一的にではなく、多面的、有機的にバーザールの小路によってつながっている[34]。このようなつながりは、神経系統のように高度で複雑、かつ柔軟な関係性をもっている。これがまさに、交換と喜捨の織りなす関係である。たとえば、モスクにおける礼拝が市場における交換に参加する人々に対して、神を介した喜捨の重要性を喚起し、マドラサでは知識の贈与がなされ、浴場や茶屋では、人的交流や情報交換、癒しが贈与的になされるというように、交換と喜捨を通して、商品や知識、情報、憩い等が渾然一体となってバーザールのなかを巡っている。そしてこの緊密な関係が二一世紀になっても持続している。よってイスラーム圏の伝統的市場は、一部が破壊されたぐらいならば他の部分がそれを補完し、全体としては破壊されずに本来の機能を保つことができるような、神経にも似た構造からなっており、これがバーザールの力の源泉となっているのである。

確かにバーザールは、経済取引を行なう交換の場でもあるが、それだけで自己完結しているわけではない。そこに人々が集う目的も、交換価値的なものばかりではない。バーザールの特徴として、定価がなく価格は交渉によって決まることがあげられているが、そこにおける価格の決定の要素は、価格理論における均衡価格とは趣きを異としている。(35) 均衡価格は、交換を基本として貨幣によって数量化できる供給と需要、利益が決定要素となるが、バーザールにおける価格決定では、贈与の要素も付加される。バーザール商人は、交換経済に長けているので当然のことながら自らの収益を最大化する均衡価格を熟知しているが、他方では、貧困者に対しては値引きをしたり、顧客が提供した情報や知識、人間的魅力、等々の返礼として値引きをしたりする。また富裕者は自ら均衡価格よりも多く支払ったりするなど、同一商品であっても贈与という要素がその価格を変動させるのである。価格決定の過程は、重要なコミュニケーションの場であり、それを通じて物と情報、さらには知性と人格が行き交い、そこに関わる人々を有機的に結びつけている。

そして実際に喜捨は、バーザールのいたるところで目にする光景である。先に紹介した『商人たちの共和国』には、アレッポ(シリア)のバーザールの、ある店先に毎週木曜日に老婦人があらわれると、店主が何をいうでもなく、いくばくかのお金をさりげなく渡す光景が描かれ、イスラームの伝統経済セクターにおける商人の企業家精神と喜捨の果たす役割の重要性が克明に説明されている。(36) ただし同じ光景でも、イスラーム圏に滞在する日本人駐在員の目には、「早く退散してほしいからお金を渡している」と映るようである。個人の意志は神のみぞ知るところだが、ここで重要なのは、バーザールにみられる喜捨行為のネットワークが、社会のセーフティー・ネットとなってイスラーム圏全体に張りめぐらされている実態である。

## セーフティー・ネットとしてのインフォーマル・セクター

第三世界の特徴として、麻薬取引などを行なう非合法的な闇市場とは別な意味での、インフォーマル・セクターの存在が指摘されている。一般にそれは、近代的国家システムが自らの枠組みに収容し切れなかった領域であり、主に零細な商売によって構成され、都市の過剰人口に対して雇用機会を提供し、国家に対し補完的役割を果たしている。バーザールはその代表である。このインフォーマル・セクターは、フォーマル・セクターの機能を果たしているといえるほど、その重要度は高い。それを物語るかのように、一九八〇年代後半から九〇年代にかけて、発展途上国のインフォーマル経済は、東西関係崩壊後の自由市場主義に完全に組み込もうとするグローバル化の過程で、再編のターゲットとなった。IMFが掲げた構造調整政策がその先鞭をつけ、北の先進諸国が「インフォーマル・セクターを経済植民地化」し、南の「開発と経済に対する組織的な抵抗を葬り去るための決定的な攻撃に出る」というシナリオが実行に移されたという見方もある(37)。

インフォーマル・セクターは、イスラーム圏に限らず、伝統的な共同体的関係が基盤となっている。自由市場主義にとっての〈組織的な抵抗〉とは、まさに共同体における互助的な関係であり、交換と贈与が結合した経済システムそのものである。インフォーマル・セクターではなかったが、一九八〇年代初頭、緊密な人間関係から生まれる〈なじみ〉や〈信用〉にもとづく日本の商慣習や、細分化され多岐に分かれていても全体性のある流通経路が外国の参入を阻むシステムとして槍玉にあげられた。それらも日本の伝統的な共同体的関係を基盤にしたものであった。

本書の冒頭でも指摘したとおり、民衆の互助的関係を断ち切る〈決定的な攻撃〉とは、経済政策の転換のみならず、内戦の誘発など武力破壊による経済構造の改造も含まれている。このように戦争というかたちをとって構造改革が進行している地域の代表が、中東イスラーム圏であろう。戦争の背景には、政治的、軍事的要因だけではなく、かたくなに経済植民地化されることを拒み、公益を重視して贈与関係によって互いに助け合う民衆に対する苛立ちが横たわっている。(38)

## 交換一元化に立ちはだかるイスラームの女性たち

バーザールとならんで、イスラーム圏において交換一元化を阻止し、贈与経済の衰退に歯止めをかけているもう一つの鍵は、女性である。イスラーム圏といえば、すぐさま女性に対する差別、隔離、抑圧といったイメージがわいてくる。確かにイスラーム圏においても、強権的な家父長制や男子優先主義のなかで苦しむ女性はいるが(39)、むしろそのような状況はイスラームの曲解や逸脱の結果もたらされたものとみなされ改革の対象となっている。他方、イスラーム諸国において、高学歴の女性がそれにふさわしい社会的に高い地位についていることは珍しくなく、ＨＤＩ（人間発達指数）に女性登用に関わるジェンダー的要素を加えた指標では、全体の順位を上げる場合もある。これはジェンダー的要素を加えると、順位を下げる日本とは好対照をなしている(40)。ちなみにイスラーム金融の拡大にリーダーシップを発揮している、マレーシアやパキスタンの中央銀行の現総裁は、女性である(41)。

イスラームでは男性も女性も、まず人間として創造されているので、いずれもタウヒード的関係によって束ねられている全存在者の一部であり、そこでは存在としての等位性、関係性、差異性が保証されている。[42] 対等のカップルとして創造される男女は、善行に対する神の報酬においても差別はない。イスラームでは、女性が外で有償の仕事につくことも禁じられていない。

預言者ムハンマドの最初の妻であるハディージャは、ムハンマドよりも年上で再婚、また隊商ビジネスを行なう経営者であり、ムハンマドはそこで雇われていた。[43] このような経歴の女性を妻にもつムハンマドに啓示が下ったことを考えれば、初期イスラームは、現代の尺度に照らしてもかなり革新的である。そして現代においても、教育、医療、法曹、政治、ビジネスの他に、農業や放牧等の第一次産業に携わる女性は多い。[44] ただしイスラームでは、女性の衣食住の経費をまかなう義務は、父、夫、息子といった男性家族にあることから、女性が必ずしも金銭的報酬のある職業につく必要はない。統計にあらわれる分野では、教育、医療に従事する女性が多いが、伝統的社会では、これらの職種は交換よりも贈与の要素を多く含んでいる。

男性は家族の扶養義務を負うことから交換経済への関わりは当然大きくなるが、他方、子どもを産み、授乳するという女性特有の機能は、一時期、女性を贈与のみに専念させる。

「母親は、乳児に満二年間授乳する。これは授乳を全うしようと望む者の期間である。父親はかれらの食料や衣服の経費を、公正に負担しなければならない…」［第二章二三三節］。

クルアーンのこの部分に示された二年間の授乳期間は最大限のものであり、すぐに続く聖句では、それよりも早く離乳したり、乳母をつけたりすることも許されると指示されている。いずれにせよ、本来、子どもを育てることは贈与の域に属するもので、育ててもらった子どもは、その返礼として親を扶養したり、今度は自分の子どもを育てたりするなど、育児は系列的互恵関係を形成する基礎となっている。そして母なる女性に対しては、家族からも社会からも多大な敬意が払われ、尊敬の対象となる。さらに母としてばかりでなく、妻として、娘としての女性が信仰心の篤い信徒であることは、一族の名誉の象徴にもなる。(45) 信仰心の篤い信徒とは、再び繰り返すならば、意志をもってシャリーアにもとづく生活を送り、公正さを共同体に実現しようと努力する人々である。そして男性よりも日常的に贈与経済に深く関わる女性たちは、育児や家事、地域の活動を通じて贈与を行ない、その見返りのかたちで名誉と尊敬を受けているのである。

ただしここでいう母、妻、娘というのは、制度化された性的な役割の呼称ではなく、子どもや夫、両親との関係性によって規定されるものである。第2章で述べたように、存在を分有するイスラームの存在論では、「人間が存在している」のではなく、「存在が人間している」というように偶性はあくまでも存在に対して述語的である。男女の性に関しても「人間が女性(男性)している」というように、人間に対して述語的であり、男女とも性の固有性を超えた、人間という域における本質を共有している。そして人間というレベルにおいて、他者が決して侵すことのできない個として存在が与えられている。ここでの他者とは、単に他人を意味するばかりではなく、国家、市場も指している。

**分割を拒む個**

現在、世界を席巻している市場主義は、人間をパーツごとに分割し商品化し、ハイパー・インダストリアル社会をつくり出している。[46]そのような社会においては、人間の行為のみならず、精神、記憶、認識にいたるまで、生に関わるすべてが記号化され、それらが計算されて産業化される。さらにそれは自己認識の領域まで拡大されて、判断基準は完全に市場に組み込まれ、その要請に服従してしまう状態となる。その結果、個人は何よりもまず消費者となり、自己のアイデンティティーを、市場から提供されるあらゆる種類の商品によって構成しようとし、自己像を失ってしまう。

そこでは最も贈与性の高い、出産や育児といった分野も市場化されるが、それらを交換可能な状態にするために、それらにまつわる人格や資質、経験を行為から切り離し、さらに分割して商品化するようになっている。もちろんこの状況にいたるまでに、教育や医療、福祉といった、本来、贈与的要素の高かった分野は、すでに完全商品化の道をたどっている。さらに代理母や臓器売買・移植の登場によって、肉体の分割・代替可能性が現実となり、人間が個としての物理的な一体性を維持することも困難な事態となっている。

イスラーム圏に対しても構造調整政策や貿易の自由化政策を通じて、交換一元化の波が押し寄せているが、人々が共同体の一員としての一体感をもってシャリーアを遵守することによって、市場が交換によって一元化されることを防いでいる。すでに述べたように、他者によって自らの人間性を分割されることを拒むムスリムの日常生活は、シャリーアによってプログラムされ、現在グローバルに展開されている市場主義に対して大いなる抵抗勢力となっている。このなかでも、出産や育児、教育、医療、福祉等の贈与の領域に関わる女性たちの砦は堅い。女性たちが市場に対して自分の労働を商品として容易に提供せず、交換経済に身を任せないことが、市場が交換によって一元化されることを防いでいる。また外で有償労働につくことが、自立した女性の姿だと煽るメディア宣伝もほとんどない。必要に応じて働くにせよ、自己雇用か、家族経営が原則である。

イスラーム圏では、このような個に対する不可侵性をヒジャーブが表象している。ヒジャーブとは隠すという意味があるが、具体的には、頭部や全身をベールで覆い隠す服装を指す。ヒジャーブは、イスラーム圏において女性を抑圧するシンボルとして先進国からは批判されることが多い。しかしそれは女性のみが行なうものではなく、男性も伝統的な服装をみればわかるように、男性的な身体的特徴を覆うような、ゆったりとしたデザインで、頭部にはスカーフやターバンが巻かれている。ヒジャーブは男女を隔てるものというよりも、それぞれのセクシュアリティーを覆うことによって、性的な要素を含まない人間としての他者認識や、それにもとづく関係の確立を可能とする側面をもっている。

外部からはとかく批判にさらされるヒジャーブだが、多くのムスリム女性がヒジャーブを堅持している背景には、それが信仰の一環で慣習だからという諦念よりも、彼女たちの権利を保護し、主張するシンボルとしての機能がある。ヒジャーブは女性たちを包むことにより、男性であれ、市場であれ、誰も侵すことのできない不可侵で不分割の個であることを可視的に示している。ヒジャーブは、人間の統合性をあらわし、人間の精神と肉体を部品のように分割して交換市場に差し出すことを強く拒むメッセージをもつと同時に、他方では、贈与を行ない尊敬と敬意を集める女性のシンボルともなっている。

もちろんグローバル化による世界規模の構造改革は、イスラーム圏といえども避けて通ることのできない現実である。だが教育や訓練を受けぬまま単純に外に飛び出せばよいという状況ではないことは、経験的に人々は理解している。特に女性はこれまで積み重ねてきた権利や、家族や地域社会から受けてきた尊敬をかなぐり捨てて、自らの労働を市場で売ったところで低賃金競争にさらされるだけである。そこでは交換経済から利益を上げられないばかりか、贈与経済からも退くこととなる。女性たちは、これまで贈与経済に関わってきたことにより受けてきた実益や尊敬、権利を保持しつつ、交換経済に進出するにあたっては、教育や訓練の機会を得るために、男性親族や家族に対して〈交渉の戦略〉を立て着実に実行していくのである。(47)イスラーム社会における交換と贈与のバランスは、このような女性たちの知恵によって支えられているといっても過言ではない。

## 交換と贈与をつなぐ女性たち

イスラーム社会では、交換と贈与のバランスを取りながら、日々の生活に勤しむ女性たちが多く見受けられる。その女性たちは、物売りや洋服の仕立て、食材づくり、掃除婦などさまざまな職種につく一方で、家計のやりくりにも手を抜かない。家計のやりくりとは、まさに贈与的な行為そのものである。低所得であればあるほど、その家計のやりくりがたいへんであるが、そこにはやはり、個人の奮闘を支える共同体的社会の互助的関係がある。

カイロ(エジプト)の下町の調査をもとにした、シンガーマンの *Avenue of Participation* には、市場社会が拡大するエジプトにおいて、インフォーマル・セクターで重要な役割を果たし、その結果、エジプトのGDPの上昇にも寄与する女性たちの姿が描かれている。(48)著者は、イスラームの女性といえば文化的な側面からジェンダー問題として取り上げられる傾向が多く、彼女たちの経済的な社会貢献に関する分析が少ないことを指摘している。そしてそこでは、教育レベルが低くとも堂々と交換市場に参加し、自己雇用や家族経営を立派にこなしている女性たちに光が当てられ、イスラーム社会における人々の社会参加の縮図が描かれている。またロッバン・Jr編の *Middle Eastern Women and the Invisible Economy* では、近代市場経済の視点からは〈見えない経済 Invisible Economy〉とされていても、実際には大いに機能している交換経済の存在が明らかにされている。(49)

これらのテキストをさらに読み込めば、交換市場に参加しながらも家庭内や地域内の贈与的関係を保っている女性たちの姿が浮かび上がってくる。そこでの女性の働きぶりは、シャドー・ワークや、アンペイド・ワークと呼ばれるような、近代市場のもたらした負の産物としての労働ではない。女性たちはむしろ贈与と交換という、両義的な意味をもつ行為を通じて、双方の領域にバランスよく足場を築いて、贈与と交換を混交させている。

シンガーマンは、シャアブを調査対象にしている。この場合のシャアブとは、庶民によって構成される地域小共同体を指し、互助的関係を形成しているネットワークである。シンガーマンによれば、シャアブのネットワークはまず、人々が生活費を得るために不可欠な領域と深く関わっている。(50)たとえば、国内の就職や海外への出稼ぎの際の紹介や身元保証をシャアブの人脈を通じて受けることができる。シャアブにネガティヴで閉鎖的な要素がまったくないとはいえないが、そこには共同体的、社会的な広がりをもつ人脈や、社会的信用を基礎とする関係がある。

またシャアブのネットワークは人々の資金調達においても、重要な役割を果たしている。ガマイーヤと呼ばれる共済型の貯蓄は、男性の結婚資金の調達や、不慮の災難の際の救済に用いられる(51)。ガマイーヤには短期から長期にいたる貯蓄があるが、ごく単純な例を紹介すると、たとえばある男性が一ヶ月後の結婚のために、資金が必要な時、ガマイーヤの呼びかけ人が貯蓄基金の創設を呼びかけ、その男性を含む一〇人が毎月五〇エジプト・ポンド(以下ポンド)の出資を一〇ヶ月続けることを契約する。その男性は、最初の月に五〇〇ポンド受け取り、残りの九名が順次、五〇〇ポンドを一ヶ月ごとに受け取り、一〇ヶ月目で基金を解消する。

ガマイーヤの呼びかけ人はこの積み立てには参加せず、もっぱら集金と分配のマネジメントに徹し、すべて無償のボランティアである。多くの場合、この呼びかけ人には男性ではなく、女性がつくという。まさに交換と贈与の領域を自在に往来する女性ならではの役割であるが、女性ならば誰でもというわけではなく、人々の信頼が厚く、ガマイーヤを管理するための誠実さと奉仕の精神を兼ね備えた人物であることが必須である(52)。

当然のことながら、ガマイーヤには最初の五〇〇ポンドを受け取った者が、姿を消したり、後の積み立てが不能になったりするというリスクもあるが、そのような事態はめったにないという(53)。呼びかけ人の女性は、依頼人の男性がそれまでにどれほどガマイーヤに参加したか、また人物評価も含め、第一受取人となるにふさわしい人物かの判断も行なう。その判断には、受取人がシャアブの人間関係のなかで培った信用度が重要な尺度となる。

ガマイーヤには利子も何もつかない。第一受取人になった者は、残りの期間を分割して返済するのに対し、最後の受取人は、満期に月々の合計金額を得るだけのことである。完済した人も、単に満期を迎えた人も、ともに金額は増えないが、返済実績と貯蓄実績がそれぞれ加算され、それとともに信用が増すのである。よって人々は、いま特に資金が必要でなくとも、この信用の積み立てのために少額ずつでも二つから三つのガマイーヤに出資し、いざという時のために備えている。そしてこのような貸付けと貯蓄が組み合わされたシステムに、つねに関わることにより、人々は消費者金融のような金貸しを必要としない[54]。

さらにシャアブにおけるネットワークは、贈与と交換が流れ行く経路そのものとなっている。冠婚葬祭にまつわる贈り物と返礼や、宗教儀式における饗応、それらの手伝いなど、人々は日常的な金銭や物品の交換、贈与という関わりのなかで信用を強化し、互酬的関係を築いている。そしてシャアブは、結婚相手を探す際の人脈のネットワークも築いている[55]。

このようにイスラーム社会では、根底にイスラーム共同体の大元の交換と喜捨のネットワークを敷いて、その上に各社会の交換と贈与のネットワークを幾重にも重ね、セーフティー・ネットを広げている。シャアブに代表されるネットワークは、マイクロ・ファイナンスによる貯蓄に加えて、人とのつながり、信用、希望をも蓄える機会を人々に与えている。たとえ金銭的に逼迫しても、他人の援助や、希望などのセーフティー・ネットがあり、人々を絶望の淵に追いやることはない。

## 近代国家と共同体の互恵関係

本章では、イスラーム社会における交換と贈与の混交経済の社会的合理性についてみてきたが、これはその合理性を失った経済先進国のネガティヴな側面を映す鏡ともなっている。たとえば先進国のワーキング・プアは、物質的な窮乏とは本質的に異なる貧しさを抱えている。近代社会の交換一元的市場が生み出したワーキング・プアは、金銭のみならず、人とのつながり、信用、希望、意欲の蓄えも同時に縮んでいる。このすべての蓄えが一度に先細りとなっていることが、これまでに経験したことのない不信と絶望に、人々を陥れている。この貧困は、物質的、金銭的な欠如を超えて、気力や希望までをも蝕む深刻な貧しさなのである。

豊かであるはずの経済先進国が被る深刻な貧困。これは近代的な市場経済が、交換か贈与かの二者択一によって、前者が後者を駆逐するかたちで発達してきたことと大きく関わっている。一九七二年に著されたK・ボールディングの『愛と恐怖の経済』のなかには、交換の原理のみにもとづく市場原理主義の台頭への懸念が随所に示されている。そして三〇年後の現在、その懸念が現実になった状況が、私たちの目の前に示されているともいえる。ボールディングは、市場社会もまったく交換の原理からのみ成立しているわけではないと指摘し、贈与の原理を研究の射程に入れない経済学や社会科学一般を批判するとともに、交換と贈与が互いに対等な関係を保つ経済の構築の重要性を説いている。(56)

この研究はさまざまな角度から分析を行なっているが、なかでも重要な指摘は贈与経済が発揮する統合力であり、それはコミュニティー形成過程において顕著であるという点である。また贈与がコミュニティー形成力を発揮するのは、その犠牲的要素によるものだが、そのような利他的要素がない資本主義は、コミュニティー形成力の欠如という大きな弱点を抱えているとも指摘されている。(57)

コミュニティー形成の過程では、善意、正当性、忠誠心、愛、信頼などの贈与の要素が統合の構造を築いていく。ただし他方、贈与には権威、暴力などの脅迫にもとづく贈与もある。そして近代化にいたるさまざまな史実が示しているように、交換経済が抑圧的な贈与に歯止めをかけてきた。だが交換と贈与の相互補完性が崩れてきたことにより、コミュニティーを形成する統合力も減退していったのである。

ボールディングは、近代国民国家においてさえも贈与が機能し統合力を発揮している点に言及し、公共財の果たす役割、社会保障システムに代表される系列的互恵関係、国家間援助などを例としてあげている。国防、教育、医療、福祉に関わる公共財やサービスは、資金提供の有無や公共財の供給に対する貢献の度合とは無関係に享受することができるものである。国家は公共財を供給するために税金の一部を用いるが、納税額の多寡に応じた受給が行なわれるわけではない。それは互助的な関係によって成立しており、そのような相互扶助の実感と実体が国家や社会としての一体感を創出してきた(58)。しかし現代の社会においては、富裕層が優遇される逆進税の傾向が強まり、医療や教育、福祉はいうに及ばず、平和と安全までもが、カネ次第となっている。

また系列的互恵関係は、年金などの社会保障によって世代間に形成されるものであるが、それは贈与を第三者に受け渡していくことで責務を果たすという一種の使命感によってつながっている。社会保障システムは、もともと家族内、親子間にあった互恵関係を社会化したものであるが、そこでは親子の間で行なわれる贈与リレーと同じ形式の贈与が、社会全体の世代間で系列的に受け継がれることとなる。社会保障システムは、血縁や世代を超えた人々の間の系列的互恵と信頼に支えられている(59)。

しかし日本の年金崩壊にみるように、下の世代からの支えが期待できない世代は、この互恵関係から退却している。この傾向は、もはや国家が、公共性を維持するために必要な互恵関係と信頼を束ねる統合力をもち合わせていないことを物語っている。

近代国家はある意味で、伝統的な共同体システムのシャドー・ワークに支えられて機能してきたといえる。それは先進国、発展途上国の区別なく、パッサージュ、バーザール、市《いち》など、人々が何らかのかたちでつながりを実感できた場がそこにはあった。しかし、家庭と同様、社会全体もすべて交換の場として光が当てられ、雑多で錯綜し贈与と交換が絡み合った諸関係が、一対一対応の単純明快な交換の関係に整理され、当然の結果として、それを支えてきた共同体も消滅の危機に瀕している。確かに交換を介する市場は合理的で便利であるが、その合理性も閾値を超えて、すべてが市場を介さずには機能しない社会になると、それは非合理の元凶となる。そして皮肉にも、そのような近代的〈非合理性〉の只中におかれているのが、近代化に成功した先進諸国なのである。

# 第5章

# 中道をめざす社会と経営

## 交換と贈与の中道

誤解してはならないのは、交換にもとづく市場経済が悪で、贈与が善であり、最新のテクノロジーをラッダイド運動さながらに破壊すればよいということではない。問題は、いかにバランスを取るかということなのである。

ただし、バランスを取ること、すなわち、中道、中庸をきわめるということは容易なことではない。アリストテレスは中道がもたらす均衡を〈頂極〉と表現し、その実現の困難さを指摘した(1)。交換と贈与のバランスは、利己と利他の均衡でもあり、デジタルとアナログの均衡でもあるというように、それはさまざまな領域における二律背反的な性質や機能を、時代や社会状況に応じて相互補完的に発揮させることにより達成される。

イスラームにおいては、神による絶対贈与によって人は現世の生を受け、神との絶対交換によって来世の生を受ける。神との絶対交換では、第1章でも述べたように、善行と悪行の貸借対照表にもとづき、黒字決算ならば天国へ、赤字決算ならば地獄へ、というように来世の場所が決まってくる。善行は、ザカートの例でみたように、交換と喜捨のバランスの取れた行為である。利益を独り占めにしてまったく喜捨しないのも、また自己を犠牲にしてすべてを喜捨することも、いずれも善行ではない。シャリーア・コンプライアンスでは、交換によって得た利益が、喜捨を経てようやく正当な利益になるというように、交換と贈与がセットとなって組み込まれている。この基本形にもとづいて、人々の間で交換と喜捨が日常の行為として繰り返されているのである。

そしてその仲介となっているのは、神であり、市場ではない。地上における神の代理人は、あくまで人間であり、一般の生活からビジネスまですべてを管理するのは人間であって、市場ではない。市場原理を独り歩きさせることなく、シャリーア・コンプライアンスによって市場をマネジメントするのが人間の責務であり、その目的は、中道をめざすことによって達成される社会的公正なのである。

中道をきわめることが社会的公正につながるという倫理的価値観は、イスラームに限られたことではない。物質や性質に過不足のない中道、中庸をきわめることが人間にとって徳を高め、ひいては幸福な社会秩序へとつながるという点に関しては、その思想や信仰の根拠に違いはあっても、アリストテレスの倫理学から、イスラームの教え、そして仏教の教えにまで共通している。またアニミズムにおいても、他人と自然との共存のために人間の自己愛の抑制が、慣習となって生活に組み込まれている。

交換一元的な市場と高度に発達したテクノロジーが、人間をもモノ化して交換経済を徹底しようとする傾向や、行き過ぎた交換経済の結果としてあらわれた格差社会を目の当たりにして、いずれの文化圏においても「中道をきわめる倫理性の回復とそれにもとづく経営」が、再考を促されている。近代化によって倫理と社会行為が断絶している社会では、その回復が摸索されており、投資における倫理ファンド(Ethical Fund)の登場や、地域通貨によるコミュニティー・ビジネス、NPOの活動などがその一環としてあげられる。そこでは交換価値に偏重しないように贈与的な要素を織り交ぜながら社会還元や教育を施し、交換と贈与のバランスを土台にしたコミュニケーションがコミュニティーを実体化するという、いわば人間社会の原則に立ち返ろうと努めているのである。

また企業経営においても、CSR(企業の社会的責任)を軸とした倫理的経営のあり方を具体化する動きがみられる。D・ホーキンズの社会的責任投資に関する著書の副題には、「明日の持続可能性と今日の有益性のバランス」とあり[2]、このタイトルが示すとおり、企業が社会的責任を果たすためには、現在の利益と未来の持続可能性のバランスまで考慮した経営を追求しなければならない。相利共生(Symbiosis)は、グローバル経営の現場においても流行語となっているが、その動機は企業間の共生を超えて、生態系の一部として、地球全体、さらには次世代と、存在を共有する意味での共生をも包含しなければならないところまで、世界は行き着いているのである。

**近代的〈非合理性〉**

D・コーテンは、利子膨れしたマネーがグローバルに世界を高速で駆けめぐる現代の資本主義を、宿主の肉体を滅ぼすまで増殖するガン細胞にたとえたが[3]、まさにそれは交換経済の拡大そのものの姿である。現代社会において多く見受けられる非合理性は、交換経済が自らを影のごとく支えてきた贈与経済を侵食したことによって生じている。自己目的化した交換は、互いに寄り添ってきた贈与経済の領域までも交換経済に転換しているのである。そしていまこそ、閾値を超えた交換経済がもたらす負の効用、非合理性について考える時である。

環境破壊や極端な貧富の格差がもたらす社会費用は、いまや莫大なものとなっている(4)。社会費用は、経済活動の結果生じた外部不経済に対し生じる費用を、その発生源の企業やその他の組織が負担しないため社会に転嫁されることで生じるものである。なかでも極端な貧富の差がもたらす人心の荒廃と治安の悪化は、警備費の上昇を招き、環境対策費とならんで社会費用の大きな部分を占めている。しかし外部不経済は、そのタームが示すように、経済的領域に内部と外部をつくり、互いを分断し、外部に内部の費用を押し付けることから生じている。

つねに外部を設けて内部のコストを外部へと掃き出す構造は、近代の特徴ともいえる。聖俗分離により、俗世がその内部の対立や葛藤を解消してくれる聖なる世界という大いなる外部と決別して以来、近代社会は自ら外部をつくらざるをえなくなった。その結果、市場や企業、国家などに内と外が設けられ、さらにそれが細分化されて、大企業の内と外、先進国の内と外、富裕層の内と外というように重層的に内と外が形成されている。それは個人にまで及び、自分以外をすべて排除する傾向すらあらわれている。外部は内部に対してつねに弱い立場にあり、内部が負うべきコストを背負わされて、いまでは掃き溜めのような状況に追い込まれているのである。

このように雪だるま式に膨張する外部費用は、交換と贈与が相互浸透性をもち人々の間に信頼と一体感がある社会では、抑制されていた費用である。外部費用という名のとおり、それらは近代的な経済では考慮されないものだが、伝統的な社会の費用計算は、この外部費用までも算定し、自らがつながっている社会全体の利益と自己利益のバランスを考えるものであった。社会全体の合理性を考える時、この外部費用の内部化が重要となり、それを実現するためには交換と贈与がバランスある連携を保つ混交経済を再構築する〈経営の力〉の必要性が浮上してくるのである。

イスラーム社会では交換と喜捨が並存し、相互浸透性を保っていることにより、治安悪化などの社会費用の発生を抑える方策の一つとなっている。これまでみたようにイスラームでは、神の存在とその意志のあらわれであるシャリーアが、排他的な外部を人間が設けることを阻止している。交換経済における規制と喜捨の義務化と奨励が、このような外部経済の発生を極力抑えるように機能しているのである。短期的な非効率を切り捨てるのではなく、長期的な効率性のもとに組み入れていくことによって持続的発展が可能となるように、シャリーアが個人と社会の両方をデザインしている。

## 贈与の衰退とコミュニケーションの退化

グローバル時代を迎えて国家の枠組みがゆらぎ、経済における新自由主義経済政策が世界に広まるにつれ、〈小さな政府〉〈自立〉〈自己責任〉が強調され、国家は公共性を維持する責務を放棄しているかのようである。世界中に構造改革の嵐が吹き荒れた結果、あらゆる人間関係に市場が介在する方向へと社会が導かれ、さらに質料をもたない電子マネー市場の登場により、一層、相互扶助、公共性という要素が影を潜めるようになっている。

国家は交換一元的な市場原理が個人を直接支配しないように機能してきたが、その国家が後退したことにより、個人は直接市場と対峙することを余儀なくされた。つまり労働や技術、知識を切り売りせざるをえなくなり、無償の贈与という領域は狭められている。その結果、家事の贈与的部分が削がれて他の労働同様に商品化され、アンペイド・ワークという不名誉な名称がつけられた。社会ではもちろんのこと家族内でも家事を行なう者に対する尊敬や感謝の念が消え、その気持ちを伝えるコミュニケーションも同時に立ち消えとなっている。また教育が商品化されたことでかつての師弟関係にあった知識の贈与が消滅し、画一的で予測可能な教育が一般的となって、ここでも対話の機会が減退している。さらに情報に関しても、人々の間を口伝てに贈与的な要素を含ませながら譲渡されるものは減少し、通信機器を通じることにより情報に内在した人格的要素は希薄となり、情報は往来しても社会的、共同体的な広がりをみせるコミュニケーションに発展しない関係が常態化している。

現代において、贈与的関係の衰退がコミュニケーション能力の低下へとつながり、かえって非効率をもたらしている点について指摘すれば切りがない。この問題は企業経営にも影響を及ぼしている。最近、企業内ではコミュニケーション能力の低下が問題視されており、その原因としては、家庭や学校における教育や訓練の不足やＩＴ機器の発達によるものと指摘されることが多い。しかしこの問題の根は、もっと深いところにある。それは、コミュニケーションの下部構造である贈与的関係が崩れてきていることと大いに関わっている。

家庭や学校といった空間は、元来、非市場的であり、交換と贈与の橋渡しをしてきた領域である。しかしそこが、交換一辺倒になってきたことにより、コミュニケーションの土台であった贈与のあり方も転換されている。その結果、日本で顕著にみられるように、クリスマスやバレンタイン・デーから、母の日、孫の日にいたるまで、商品化された贈与機会が続々と登場し、スピードがあり便利だが、一過性の贈与が広まっている。それは断片的なコミュニケーションしかもたらさないのだが、子どもも大人もこぞってそれに群がっている。はたしてこの現象は、単に商業主義に踊らされているということで説明し切れるだろうか。それは失われた贈与的なつながりを、どこかに求めている姿にもみえてくる。

## 存在から経営をとらえなおす

このような現状を打開するには相利共生の経営が不可欠である。そこでは、自己存在を他者との関係からとらえ、全体の一部としての自己を認識する観点が求められる。しかし近代社会においては、すでに述べたように、このつながりを分断することにより合理化がはかられてきた。その具体的方法は、G・リッツアの『マクドナルド化する社会』に詳細に描かれている(5)。そこでは、経営管理の一元化がもたらす社会の一元化傾向、多様性の喪失という過程が示され、マクドナルドに代表されるファスト・フードの経営管理がもたらした社会変容が、生活様式にとどまらず、思考や価値観にまで及ぶ点が明らかにされている。その究極には、ヴェーバーが危惧した〈合理性の鉄の檻〉と化した社会がある(6)。そこには近代的合理性を加速度的に徹底追求した結果として、発見や選択、思考といった能力を奪われた人間の姿があり、人々は、効率性、計算可能性、予測可能性、制御のもとに管理され、あらかじめ選択された手段しか選ぶことしかできなくなっているのである。

これは人間の自己存在と行為が切り離された結果ともいいうるものである。人間が自己の存在理由と目的を問わなくなった時、他者との関係も意味をなさなくなり、合理性によって支配された制度や組織を構成する一部分と化すのである。このような社会では、取引関係を成立させるための前提としても、合理的な取引の成立を優先させ、人間の直接的関係の要素は二次的となる。

しかし他方では、当事者の人間としての信頼を最も重視するタイプの社会があり、それは〈関係重視型〉といわれる。イスラーム社会は、この傾向が強く、それは本書にて検討したシャリーア・コンプライアンスの諸事項に具体的にあらわれている。また経済の高度成長を遂げ社会が大きく変化した日本においても、いまだこの関係重視型社会の片鱗は残っている。そしてイスラーム圏と日本のビジネス慣行や経営手法のなかには、関係重視型として多くの共通点がみられる。これはいったいどこに起因するものであろうか。

日本においては、イエ、ムラをはじめとして、さまざまな縁やつながりが社会的な組織を形成してきた(7)。この関係性とその根底に存在が横たわっているのだが、この点に着目して日本的経営を分析した数少ない研究の一つに、稲葉襄の『仏教と経営』がある(8)。それは存在論の観点から分析された仏教の教えが、現実の社会的領域においていかに作用しているかという観点に立ち、仏教の円相哲学をその分析に適用している。仏教とイスラームは創造の起源と存在認識という点においてはまったく異なっているが、そこに示された仏教世界の現実の様相が、イスラームと酷似していることに驚きを禁じえない。

存在の根源を、〈一〉とするイスラームと、〈空〉とする仏教。イスラームにおけるアッラーや預言者ムハンマドを、仏教における仏陀や釈迦と同一視することはできない。だがこのように基本的な相違がある一方で、イスラームと仏教の存在論が繰り出す各存在者の関係のありようは、きわめて高い類似性を示している。

## タウヒードと円相

第2章においては、黒田壽郎のタウヒード論を検討したが、以下では、そのタウヒード論と稲葉の円相論との類似点に焦点を当て、若干の比較を試みたい。それはイスラーム的経営の特性を論じる上で有用であるばかりでなく、仏教思想の現実的あらわれとの共通点を示すことにより、日本人がイスラームに対して抱く、ある種の先入観を払拭するのに有益であろう。

稲葉は、肉体と心、自己と他者、人間と環境、個と世界の関係を例にあげながら、存在は常に対内的にも、対外的にも二面性をもっている点を指摘し、「存在はそのような二面性の相依相関関係の統一として存在しているという考え方」を円相哲学の基礎とみなしている。(9) 円相哲学は、「万物は縁によって起こって在り」「存在は構造的に相即し、作用的に相入する」といった、縁起法則とそこから生起した因縁の相依関係の原則に立つ。このような相互の関係性に重きをおく相即相入的な相依論は、万物の非根源的発生論にもとづいている。仏教には、イスラームにおけるアッラーのような存在の根源はなく、事物は具体的、現実的、如実的な関係から生じるととらえられる。その関係の基礎には、因縁果の法則が横たわっている。それは現実世界を単純な因と果の関係からとらえるのではなく、因に対し縁が条件として作用することから、同じ因から多様な結果が生まれるとみなす。また因縁果は、時間的、空間的な先後関係ではなく、同時相応関係で、かつ同時依存関係にあり、その点においては、因も縁の一つと考えられるという[10]。

したがって、この世に存在するものはすべて実体ではなく、仮有であり、それが収斂するのは真実であるところの空である。稲葉の説明によれば、たとえば扇子は、竹と紙が一定の結びつきと条件のもとで扇子になったにすぎず、その結びつきと条件が変われば、提燈にも障子にもなる。この結びつきが縁である。よって円相哲学では扇子の実体を認めない。それは縁あって仮に存在している、仮有の存在とみなされるのである。そして円融、円満というように形容される円相は、相即相入関係の相補的なバランスの取れた存在の形態であるという[11]。

タウヒードと円相は、存在の根源の有無に関し、〈一〉と〈ゼロ〉という本質的な相違を示しているが、他方、現実世界を構成する〈関係性〉の法則に関しては、同一の観点に立っているといえるであろう。タウヒードと円相のいずれにおいても、個体についていえば、精神と肉体、生と老い、現世と来世など、それぞれの相依関係のバランスが取れた状態を、あるべきかたちとみなす。また社会レベルでは、男女の相依関係を基礎とする家庭における調和に始まり、国家や企業などの諸々の社会組織内、および組織間、地域間における相互補完的な共存のかたち、さらには自然界全体の調和、均衡が保たれている状況をめざす。したがってイスラームも仏教も、めざすところは〈中道〉である。

稲葉によれば、円相の哲学は〈形式としての円相〉と〈内容としてのゼロ〉を統一した円をめざし、現実の存在を実体ではなく仮有としてとらえ、それがゼロへ限りなく近づく運動を生ととらえる世界観を展開している。[12] このように円相の世界観は、現実世界における個別的存在に関し、その存在の本質はゼロでありながら、他者との関係によって(仮)有となって現実世界に存在すると解釈しているのである。

他方、タウヒード的な世界における生は、一へと限りなく近づく運動ということができる。この点に関しては、「神の現実世界にたいする視線が、遍く隅々にまで及んでおり、均質のもので、それゆえにすべての存在者が内に宿している隠された〈徴〉の総和が、神の真の姿を明らかにするという考えは、すでにそれ事態でそれらの深い相互関連性を示唆するものである」[13] という黒田の指摘に集約されている。

そして個別的存在に関して、円相は無我論にもとづいて「我的なものを否定し、すべての存在関係において在り、したがって実体はない」というのに対し、イスラームでは、すでに述べたとおり、個々の存在者は神から実体と偶有を与えられた、かけがえのない存在という点において、決して我的なものを否定しない。だが同時に、それらの現実世界でのありようは「意識の主体である我は、絶えず差異的な他を認識し続け、それが触発し、開示するものに応じて自己啓発をおこなっていく。そのような意味で我とは、いわばゼロ・ポイントであり差異的な他者との関係によって、もしくは自らを自然に向かって開放することによって、初めて存立可能になるもの」[14] (傍点は筆者による)で、これは存在を共有する個のあり方なのである。

このようにイスラームと仏教のいずれも、他者との関係において自己が存立し、その存在者の間をつなぐ諸関係の収斂するポイントがまさに真理である点において、共通の構造をもっているといえる。それはイスラーム圏、仏教圏のいずれにおいても、関係重視型の社会が築かれていることにあらわれている。

たとえば日本社会に関しては、濱口恵俊などが、欧米型の唯我的な個人に対して、自己の存立の根拠を自他の間柄に求める関係体としての個（間人）のあり方や、そこから生まれる互助的関係を指摘している。(15) このような日本における関係重視の社会関係は、仏教的な存在論と無縁ではないはずだが、その分析においては、社会論と存在論の関係は断絶傾向にある。しかし経営と倫理の関係が再考を求められている現在、文化圏ごとにその倫理的価値観の基層を明らかにすることは、今後、避けて通ることのできない課題であろう。

## 日本的経営の再考――イスラーム的経営に照らして

本書を終えるにあたり、異文化経営であるイスラーム的経営に照らして、日本的経営について一言ふれたい。日本は近代化の過程においてオリエンタリズムの強い影響を受けてきた。日本が他のアジア諸国と同様に、ヨーロッパのオリエンタリズムの対象であることはまぎれもない事実なのだが、日本はヨーロッパの近代的社会と科学を追究するあまり、社会科学や生活様式の西欧化を通じてヨーロッパ伝来のオリエンタリズムをそのまま踏襲している。その結果、ヨーロッパがつくり上げたアジア像をそのまま受け入れ、日本だけを例外視し続ける傾向から免れない。そして「ヨーロッパからする『アジア』という他者像を構成する視角に己の視角を同一化させる」(16) ことが、日本では近代的認識の基礎となっていると考えられる。

このように日本は、西欧的近代化に忠実なことから、他者像のみならず自己像を形成するにも、このオリエンタリズムが導いた劣位の日本と自己とを同一化させ、そこからの脱却を目的とすることに無意識に慣らされている。経営の領域もその例外ではない。J・アベグレンは、一九九〇年代に欧米の報道において日本に対して用いられた〈失われた十年〉〈停滞〉という表現は、日本経済に対する無知と偏見の産物、さらには欧米の優位性に対する自負のゆるぎや、異教徒は遅れているとする傲慢さの結果であると批判している(17)。しかしここでは、欧米の提示する日本像をそのまま受け入れて、自己認識のよりどころとして一喜一憂する日本人自身にも、大いに問題があるといわざるをえない。日本的経営に対する賛否も、一度この観点から検証する必要があろう。

外部の批判や見解を真摯に受け止めることは重要だが、日本がつねに意識しているのは欧米の日本像であり、それに比較すると他の文化圏が日本に対してもっている認識に対しては、あまりにも無頓着で、傲慢に無視しているといわれかねない状況にある。また欧米を意識せずに直接、他の文化圏に臨む姿勢にも欠けている。これこそオリエンタリズムの呪縛ともいうべきものではないか。ここから脱却することは容易ではないが、その手がかりとしては、異文化を直接理解しようと努力し、その異文化理解を通じて自文化を見直す契機とすることである。

アジアの時代といわれて久しいにもかかわらず、日本はなぜかその潮流に乗り遅れている。交渉の根回しやなじみの関係の構築は、かつては日本のお家芸のようにいわれたが、いまでは非合理性のシンボルとなりすっかり影を潜めている。また他方、日本は欧米的な合理性にも完全になじむことができずに、煮え切らない状態が続き、欧米からは、相変わらず〈閉鎖的〉〈停滞〉といった批判を受けている。これは文化的ジレンマに他ならないが、イスラーム的経営という、第三の、未知の領域を考察することにより、このようなジレンマから脱却する方向性を見出されよう。さらにイスラーム圏と日本の双方に対してかけられたオリエンタリズムの覆いを同時に取り払うことにより、近代的経営のもたらした非合理性と伝統的経営の維持する合理性を再発見し、これからの経営がめざすべき合理性を追求する道が開かることも期待される。

そしてこのような試みは、日本に対しても、エスノセントリズム（自文化中心主義）を回避しながら、新たに自文化の価値を再発見する一つの契機を提供する。これからの日本社会が、〈脱オリエンタリズム〉ではなく、〈脱オリエンタリズム〉をめざすためには、欧米文化の鏡ばかりでなく、他の異文化の鏡に自文化の社会を照らすことは欠かせないのである。そして文明の歴史と地理の観点からみても、イスラーム圏がヨーロッパと東アジアの間に広く横たわってきた事実をふまえて、日本があらためてイスラーム圏を視野に入れることは、欧米文化を相対化し、行き過ぎた近代化を調整し、バランスの取れた中道の経営をめざす上で大いに参考となるであろう。

日本社会が真の合理性を備え、社会の分断を回復し人々が共存することを可能にする社会を再構築するためには、企業戦略の対象を交換の領域のみならず、贈与の領域にも向けることが重要である。交換と贈与が並存し混交する市場を、現代的な環境において再現するために中道の経営を実践することは、社会全体が実質的な合理性をめざすために不可欠の試みなのである。

## むすび

二一世紀に入り、経営を取り巻く環境は著しく変化した。経済新興国がめざましい成長を遂げる一方で、世界全体が交換の渦のなかに巻き込まれている。交換市場の拡大は、合理性、近代性の証である一方で、あらゆる事物、現象を交換可能にするために、限りない分割と断片化、社会からの遊離を繰り返し、社会的統合性は失われつつある。

なかでも、かつて交換の決済手段であった金融は、金融資本の誕生とともに、モノの交換を軸とする実体経済から遊離し、金融そのものを主体とする個別の市場を築き上げた。その過程において金融は近代的利子の増殖技術を次々と開発し、金融自体が打出の小槌のごとく利益を生み出す世界へと人々を導いている。その影響ははかりしれず、日常生活においても金融リテラシーが求められ、「カネの切れ目は、命の切れ目」というほどの時代となった。しかしその金融が扱うマネーは、リスク・ヘッジされ信用をまとってはいるものの、その大部分は実体性とは無縁である。流動性が増殖の鍵となり、マネーは世界を駆けめぐっているが、それは、導線に火のついた爆弾を次々と手渡していく光景にも似ている。その世界は、誰しもがその実体性を疑問視しながら、ひたすら「在る」と信じることによってのみ保証されている、仮想的実体に支えられているにすぎない。

このような状況とは対照的に急浮上してきたのが、イスラーム金融市場である。それは、シャリーア・コンプライアンスのもと実体性と倫理性を重視している。「宗教は社会科学の領域とは別次元」とする近代的認識の前提に立てば、イスラーム圏が独自の市場理論にもとづいて資金を運用し、成長を遂げている現状を説明することは不可能である。しかしイスラームでは、宗教と科学は分離されるものではなく、日常世界のなかの諸現象から真理を解明しようとする探究心が科学的発展へとつながっている。イスラーム金融市場は、交換合理性を備えると同時に、経済の実体性、倫理性、贈与性とのバランスを重視し、自己存在に深く根ざしているがゆえに、イスラームの教えに則った生活を望む投資家や一般民衆に、大小さまざまな市場規模において古くから支持されてきた。

現在のイスラーム金融市場に関しては、石油価格の高騰に後押しされながら成長を続け、シャリーア・コンプライアンスを掲げて独自の文化にもとづいたビジネスを展開しており、少なくともそこには近代的経営と一線を画す意志が示されている。第3章において指摘したとおり、イスラーム金融市場が真にイスラーム社会がめざす公益の担い手となるか否かは、今後の展開次第であるが、現在のところ、このように文化的固有性を明示したビジネスはユニークであり、ビジネスの現場においては、イスラーム的な取引の具体的手法の解説が求められている。イスラーム金融市場の急成長を受けて、日本経済新聞にイスラーム金融関連の記事が登場する頻度は高まり、解説書も相次いで出版されている[18]。

ただし最近の過熱気味ともいえるイスラーム金融市場の現状に、イスラーム法学者から警告がなされているのも事実である。本書第3章に登場した、ムフティー・ターキー・ウスマーニーは、LIBOR《ライボー》をベンチマークとするイスラーム債券（スクーク）の手法をシャリーアに反するものとして批判したが、それによりイスラーム金融市場に激震が走ったという[19]。これを市場では、〈シャリーア・リスク〉と呼ぶらしいが、シャリーアそのものをリスクとみなすのは、イスラーム金融を取り込むのに躍起のグローバル金融市場の観点に他ならない。しかしシャリーアとは本来、現実の社会に照らして解釈され、実践されてこそ効力を発揮するものである。ＬＩＢＯＲはスクークの実際のコストとほぼ同率であるからベンチマークとして用いることがシャリーアの解釈において認められていたのだが、それが実体とは無縁に独り歩きを始めたことにより一転認められなくなったということは、シャリーア・コンプラインスにあっては当然のことである。まさにこれが事態を中道に引き戻そうとする力なのである。これから世界が直面し、イスラーム金融市場も大きな影響を受けるであろう、世界規模の信用収縮、原油価格の下落の局面を乗り切るためにも、実体性の堅持は重要なのである。

すでに本書で述べたとおり、イスラーム共同体は完璧な優等ムスリムばかりで構成されているわけではない。むしろ完全な人間など存在しないのである。イスラームの信仰としてのシャリーアの実践は、ムスリムにとっては完成へ向けての歩みそのものであり、たとえ牛歩の者が多数を占める時代があるにしても、歩み続けている限りは現実の社会にイスラームが実体化されている。理想と現実、建前と本音といった all or nothing の二元的観点では、イスラーム社会のもつダイナミズムを分析することは難しい。

シャリーア・コンプライアンスにもとづく経営は、その根拠をイスラームの存在論におくが、その現実的あらわれとしての具体的事項は、ムスリム以外も実践可能な合理性によって構成されている。シャリーア・コンプライアンスに示される科学的経営の側面は、経済と金融に実体性を回復させることにより金融による一種の社会支配に終止符を打ち、経営と倫理を現代的に再結合し、さらには、分割された社会を再統合するといった、ビジネス・モデルのさきがけとなる可能性を秘めているのである。

近代的市場とその経営がもたらした合理性は、閾値を超えて非合理性に変貌しつつあるが、それは、いわば〈ハイパー・インダストリアル経営〉によって社会や個人が分割されたことと関連している。断片化された社会においては、モノのみならず、人的結合、身体、精神までも市場化され、贈与的要素が一掃されつつある。しかし他方、そのような社会を再結合し、社会に統合性とバランスを回復する可能性もまた、経営理論の再構築に見出されるのである。経営理論そのものが断片化から脱却し、まずは金融と実体経済をつなぎ、次には、個人、家庭、社会、企業、国家を貫く理論の構築をめざす必要がある。

現代社会は、極端な所得格差や治安の悪化、環境破壊、心的抑圧など、これまで経験したことのない状況に直面している。この解決のためには、近代社会をリードしてきた経営実践とそれを支えた理論が、自らを改革しなければならない。さもなくば、この危機的状況を脱することは困難であろう。いまや社会科学としての経営学そのものに、近代的経営を相対化し、学的射程を広げ統合性を備えることが強く求められており、そのためには、統合性を基礎とする異文化の経営理論から学び取る姿勢が重要なのである。

# あとがき

イスラーム経済というタームにはじめてふれてから、およそ二五年の歳月が経つ。当時、国際大学大学院に在学中の私は、指導教授であった黒田壽郎先生から、先生がアラビア語から翻訳された『イスラーム経済論』の原稿を清書するお仕事をいただいた。明瞭達筆な文字で書かれた原稿を清書する必要などまったくなく、不思議に思ったほどであったが、いまにして思えば、それは清書を通じて勉強の機会を下さった、先生のご厚情によるものであった。ワープロが普及する前であったことも幸いであった。

黒田先生は『イスラーム経済論』に続き、『無利子銀行論』『イスラーム哲学』も翻訳され、それらは後にバーキルッ=サドルの三部作として刊行された。近代経済学・経営学におけるA・スミスの『国富論』やK・マルクスの『資本論』に匹敵するこの三部作の翻訳なくしては、イスラーム経済・経営の本質的理解は不可能である。これらの文献は、欧米の言語にも、このようなかたちではいまだに翻訳されていないが、このように重要な文献を研究の当初に日本語で読む機会を得たことは、誠に恵まれていた。

ただ当時は、理論の理解にとどまっていたように思う。大学において近代社会科学、なかでも経営学を学んだ者は、無意識のうちに近代的合理性の追究を自明視する体質にあったのだろう。頭でわかったつもりでも、どうも身体がなじまない、というのが正直なところだったかもしれない。だがその後のイラン留学は、その知的体質を徐々に変化させることになった。一九八六年からテヘランの人文科学研究所において研究する機会を得たが、当時のイランはイラクとの戦争の只中にあり、イラン革命(一九七九年)後の社会改革は、いまだ道半ばであった。銀行法も改正され、銀行システムは無利子銀行を原則としたが、シャー時代におけるバブル経済の崩壊、革命、そして戦争という状況のなかで、イスラーム経済システムを実現することは困難をきわめていた。

しかしその実現に向けて、経済学者もイスラーム学者も熱心であった。私は当時メッリー大学経済学部にいらした故M・ヌールバフシュ教授の研究室に足を運び、幾度となく、イスラーム経済論、銀行論について教えていただいた。その説明はきわめて合理的で理路整然としていたが、それと同時に、何か気迫のようなものを感じた。それは本書にて述べた、存在論から繰り出される生き方として、経済・金融について話されていたからだと思う。ヌールバフシュ教授は、後にハタミー政権においてイラン中央銀行総裁になり、実際にイスラーム金融の現場を指揮された。しかし突然若くして他界され、誠に残念であった。

イラン・イラク戦争が最終局面を迎え激化するなか、私は一九八八年に帰国した。その時の日本はバブル景気に沸いており、戦時下のイランとはもちろん別世界であったが、日本は出国前とも大きく様変わりしており、帰国当初は浦島太郎の気分を味わった。日本では、イスラーム経済にも金融にもまったく興味がもたれない時代であったが、かえってそれは研究する時間を私に与えてくれた。

本書でも述べたように、イスラームに関わるビジネスは、トータル・マネジメントを基本とするため、経済や企業経営、金融といった個別領域のみに焦点を当てても、その理解に限界がある。思想、歴史、社会、法、政治といった領域の基本的知識も不可欠である。これは西欧近代社会についても同じなのだが、日本ではその知識が教育課程において一般教養として身につくようになっているので、この点があまり意識されることがない。だがあらためてイスラーム社会にアプローチするとなると、イスラームの価値観や思想、歴史、法までをあらためて学ぶこととなり「ああ、むずかしい」となるのかもしれない。特にイスラーム圏は、「わかるはずがない」と思い込まれている節がある。この思い込みさえなければ、本書で述べた関係重視型社会の共通性からして、日本人との肌合いはかなりよいと私は思っている。そこでは宗教というよりも、イスラームの社会科学的側面に目を向けることが重要である。

イスラーム金融市場が拡大していくなかで、思わぬ再会もあった。ダーラム大学のR・ウィルソン教授は、現在イスラーム金融研究の第一人者であるが、二〇〇六年にクアラルンプールにおいて開催されたIFSBの会議において一〇年ぶりに再会することができた。ウィルソン先生とは、一九九〇年代にダーラム大学と国際大学との共同研究プロジェクトにおいて、イスラーム経済・金融の理論と現状に関する共同研究を行なっていたが、IFSBの会議は、地道な理論研究を行なっていた当時には想像もできないほどの盛況ぶりであった。

＊　＊　＊

本書の出版にたどり着くまでに、多くの先生方にご指導をいただき、まさに〈返礼不可能な贈与〉の連鎖に支えていただいた。本書を上梓するにあたり、ご指導、ご助言を賜った先生方に、あらためて深く感謝申し上げたい。

中東・イスラーム研究において、黒田壽郎先生（国際大学名誉教授）には、大学院修士課程以来ご指導を仰ぎ、イスラームの思想・法・社会について基礎からご教授いただき、本書に関しても終始ご指導を賜った。板垣雄三先生（東京大学名誉教授）は、ご多忙にもかかわらず、本研究のオリジナル論文全編にお目を通して下さった。先生の重要なご指摘・ご指導を、本書に反映することがかなった。黒田美代子先生には、つねにこまやかなご指導をいただき、今回は主にイスラームの伝統経済の構造と贈与についてご教授いただいた。先生方の長年にわたるご指導、ご厚情に心より感謝を捧げたい。

経営学研究において、野口祐先生（慶應義塾大学名誉教授）は、中東イスラーム経営研究を鼓舞して下さり、経営学の観点から重要な示唆を与えて下さるとともに多くの研究者の方々をご紹介下さった。中村瑞穂先生（明治大学名誉教授、作新学院大学大学院客員教授）には、ビジネス倫理の観点からつねに温かいご指導をいただいた。明治大学の高橋俊夫先生には、長年、比較経営の観点からご助言をいただいたばかりでなく、本書の基礎となった研究をまとめる過程において惜しみないご指導をいただいた。立教大学の林倬史先生は、共同研究者として中東地域に派遣して下さるなど、研究の便宜をはかって下さった。さらに明治大学大学院経営学研究科の高橋正泰先生、坂本恒夫先生、長尾史郎先生には、本研究に対し、ご高配、ならびに貴重なご指摘をいただいた。ここにおいて諸先生にあらためて深く感謝申し上げる次第である。

学会をはじめ、さまざまな研究報告会において多くのご助言をいただき、啓発されたことによって、本書の執筆を進展させることができた。日本経営学会、経営学史学会、日本比較経営学会、地域文化学会、異文化経営学会、アジア経営学会の会員の方々に御礼申し上げる。

本書の大部分は、科学研究補助金基盤研究(c)（平成一六―一九年度）「経営の多様性における事例研究―イスラーム的経営とグローバル経営の比較を中心として」にもとづいている。このような研究支援をいただいた日本学術振興会、さらに研究・教育に専念できる環境を整えて下さっている学校法人船田教育会理事長・船田元先生ならびに作新学院大学学長・太田周先生、多くの知的刺激を与えて下さった同大学の先生方、夜間のビジネス・スクール「西アジア・ビジネスマネジメント」の講義において活発に議論に参加したビジネスマンの学生の方々、縁の下から研究・教育を支えていただいた職員の方々すべてに感謝申し上げる。今後も研究成果を教育に反映させるよう努力、邁進する所存である。

本書カバー写真は、写真家の加藤智津子氏が快く提供して下さった。また本書の出版は、新評論の山田洋氏の熱意と誠意に支えられて実現した。心よりの御礼を申し述べたい。

二〇〇八年八月

櫻井秀子

斐閣，1998年）.

（16）子安宣邦『「アジア」はどう語られてきたか』（藤原書店，2003年）p. 164.

（17）ジェームス・C・アベグレン『新・日本の経営』（山岡洋一訳，日本経済新聞社，2004年）p. 51.

（18）吉田悦章『イスラム金融入門』（東洋経済新報社，2007）．糟谷英輝『拡大するイスラーム金融』蒼天社出版，2007年．イスラム金融検討会『イスラム金融：仕組みと動向』日本経済新聞出版社，2008年など.

（19）“An unhealthy interest?”, *The Middle East*, No.391, July 2008, pp.44–45.

(53) *Ibid*., p. 155.

(54) *Ibid*., p. 156.

(55) *Ibid*., pp. 121–131.

(56) K・E・ボールディング『愛と恐怖の経済：贈与の経済学序説』（公文俊平訳，佑学社，1975年）pp. 1–27.

(57) 同上，p. 55.

(58) 同上，pp. 52–53.

(59) 同上，p. 82.

## ■第５章

(1) アリストテレス『ニコマコス倫理学（上）』（高田三郎訳，岩波文庫，1991年）P. 72.

(2) David H. Hawkins, *Corporate Social Responsibility : Balancing Tomorrow's Sustainability and Today's Profitability*, Palgrave, 2006.

(3) デヴィット・コーテン『ポスト大企業の世界』（西川潤監訳，松岡由紀子訳，シュプリンガー・フェアラーク東京，2000年）p. 65.

(4) ドメラ・H・メドウズ&デニス・L・メドウズ&ヨルゲン・ランダース『成長の限界：人類の選択』（枝廣淳子訳，ダイヤモンド社，2005年）.

(5) ジョージ・リッツア『マクドナルド化する社会』（正岡寛司監訳，早稲田大学出版部，1999年）.

(6) 同上，p. 50.

(7) 三戸公『家の論理(1)(2)』（文眞堂，1991年）；村上泰亮・公文俊平『文明としてのイエ社会』（中央公論新社，1997年）.

(8) 稲葉襄『仏教と経営：経営と人生(6)』（中央経済社，1994年）pp. 59–60.

(9) 同上，pp. 60–75.

(10) 同上，p. 62.

(11) 同上，pp. 74–75.

(12) 同上，pp. 72–74.

(13) 黒田壽郎『イスラームの構造』p. 102.

(14) 同上，p. 104.

(15) 濱口恵俊『日本研究原論：「関係体」としての日本人と日本社会』（有

1992年）p. 140.

(38) 櫻井秀子「イランとアフガニスタンのイスラーム政権：グレート・ゲームとイスラーム国家」（黒田壽郎編『イラク戦争への百年：中東の民主化とはなにか』書肆心水，2005年）pp. 185–188.

(39) ただし家父長制の源をすぐさまイスラームと認定するのは早計である．M・ミースは，現代世界に共通な抑圧的な家父長制は，資本主義の転移を受けて各文化や社会に固有であった家族関係が変質させられた結果であり，資本主義的家父長制の誕生によるもと指摘している．『国際分業と女性：進行する主婦化』（奥田暁子訳，日本経済評論社，1997年）．

(40) 櫻井秀子「中東イスラーム圏の女性労働」（柴山恵美子・藤井治枝・守屋貴司編『世界の女性労働』ミネルヴァ書房，2005年）pp. 288–308.

(41) 2008年７月時点．マレーシア中央銀行総裁 Dr. Zeti Akhtar Aziz（在任2000年５月～），パキスタン中央銀行総裁 Dr. Shamshad Akhtar（在任2006年１月～）．

(42) 黒田壽郎『イスラームの構造』pp. 111–112.

(43) H. A. R. Gibb and J. H. Kramers (ed.), *Shorter Encyclopaedia of Islam*, Third Impression, E. J. Brill, 1991.

(44) 櫻井「中東イスラーム圏の女性労働」p. 300.

(45) Unni Wikan, *Behind the Veil in Arabia : Women in Oman*, The John's Hopkins University Press, 1982, p. 142 ; Naila Minai, *Women in Islam : Tradition and Transition in the Middle East*, John Murry, 1981, p. 100.

(46) スティグレール，前掲書，pp. 144–145.

(47) Homa Hoodfar, "Women in Cairo's (In) visible Economy" in *Middle Eastern Women and the Invisible Economy*, ed. by Richard A. Lobban, Jr., University press of Florida, 1998, p. 247.

(48) Diane Singermann, *Avenue of Participation : Family, Politics, and Networks in Urban Quarters of Cairo*, The American University in Cairo Press, 1997.

(49) Lobban (ed.), *op. cit*.

(50) Singermann, *op. cit*., pp. 138–154.

(51) *Ibid*., pp. 121–131, pp. 154–157.

(52) *Ibid*., p. 154.

(18) 中沢，前掲書，pp. 23–24.

(19) 同上，p. 29.

(20) Janet Abu-Lughod, *Before the European Hegemony : The World System A.D. 1250–1350*, Oxford University Press, 1989；アンドレ・グンダー・フランク『リオリエント：アジア時代のグローバル・エコノミー』（山下範久訳，藤原書店，2000年）などの文献では，イスラーム圏内ばかりでなく，東アジアや地中海，ヨーロッパともつながるイスラーム商業圏のネットワークが考察されている．

(21) Ibrahim, *op. cit*., pp. 87–88.

(22) ブハーリー，前掲書，p. 303.

(23) ハミードッ＝ラー，前掲書，pp. 246–247.

(24) ジャン・ジグレール『私物化される世界』（渡辺一男訳，阪急コミュニケーションズ，2004年）pp. 79–80.

(25) 同上.

(26) Taleghani, *op. cit*., p. 145.

(27) 五行の説明については，黒田壽郎編『イスラーム辞典』，およびハミードッ＝ラー，前掲書を参照.

(28) 黒田壽郎『イスラームの構造』pp. 167–168.

(29) 黒田壽郎『イスラーム辞典』pp. 66–71.

(30) 黒田壽郎『イスラームの構造』pp. 186–196.

(31) シャリーアティー，前掲書，pp. 255.

(32) Arang Keshavarzian, *Bazaar and State in Iran : The Politics of the Tehran Marketplace*, Cambridge University Press, 2007.

(33) Walter M. Weiss, *The Bazaar : Markets and Merchants of the Islamic World*, Thames and Hudson, 1998 ; Clifford Geertz, "Suq : the Bazaar Economy in Sefrou" in *Meaning and Order in Moroccan Society*, Cambridge University Press, 1979.

(34) 黒田美代子，前掲書，pp. 94–98.

(35) 同上，p. 203.

(36) 同上，p. 20.

(37) グスタボ・エステバ「開発」（ヴォルフガング・ザックス編『脱「開発」の時代：現代社会を解読するキーワード辞典』三浦清隆他訳，晶文社，

（106）*Ibid*.

（107）Hooshang Amirahmadi, *Revolution and Economic Transition : The Iranian Experience*, State University of New York Press, 1990.

## ■第４章

（１）ナタリー・Z・デーヴィス『贈与の文化史：16世紀フランスにおける』（宮下志朗訳，みすず書房，2007年）P.42.

（２）*Farhang-e Islami*, 1–4, Entesharat-e Daneshgah-e Tehran, 1363 (H.S.)［イスラーム辞典　全４巻，テヘラン大学出版，1984年］.

（３）M. T. Ja'farī, *Manābe-ye Fiqh*［イスラーム法の法源］, Enteshārāt–e Enteshār, 1965, p. 52.

（４）Ahmad, *op. cit*., p. 14.

（５）Ja'farī, *op. cit*., p. 52.

（６）Fakhry, *op. cit*., p. 13.

（７）Ja'farī, *op. cit*., pp. 50–51.

（８）中村哲『ダラエ・ヌールへの道：アフガン難民とともに』（石風社，2000年）pp.210–211.

（９）Farishta G. de Zayas, *The Law and Philosophy of Zakat*, Al-Jadidah Printing Press, Damascus, 1960, pp. 3–4.

（10）*Ibid*., p. 4.

（11）*Ibid*., p. 7.

（12）ハミードッ＝ラー，前掲書，p.142.

（13）Sayyid Muhammad H. Tabatabai, *Falsafeh-ye Iqteṣād-e Islam*［イスラーム経済哲学］, Mu'aseseh-ye Maṭbū'ātī-ye Atā'ī, 1983, p. 188.

（14）M・モース『社会学と人類学Ｉ』（有地亨・伊藤昌司・山口俊夫訳，弘文堂，1980年）p.305.

（15）モーリス・ゴドリエ『贈与の謎』（山内昶訳，法政大学出版局，2000年）pp.271–276.

（16）贈与と存在の負い目の関係については，今村仁司『社会性の哲学』（岩波書店，2007年）に詳しい.

（17）ハミードッ＝ラー，前掲書，p.157.

(79) *Ibid*., pp. 159–161.

(80) *Ibid*., pp. 164–165.

(81) *Ibid*., p. 168.

(82) *Ibid*., pp. 168–169.

(83) *Ibid*., p. 170.

(84) *Ibid*., p. 171.

(85) *Ibid*., p. 172. ムラーバハにおいて，資金の借り手に支払い能力があるにもかかわらず，故意に支払いを遅らせた場合にも，これと同様のペナルティーが科せられる．

(86) *Ibid*., p. 175–176.

(87) イギリスでは，土地印紙税の支払いを免除している．

(88) *Ibid*., p. 178–179.

(89) *Ibid*., p. 179.

(90) *Ibid*.

(91) Adam and Thomas, *op. cit*., p. 55.

(92) Usmani, *An Introduction to Islamic Finance*, p. 187.

(93) *Ibid*., p. 188.

(94) *Ibid*., pp. 192–193.

(95) *Ibid*., pp. 194–195.

(96) *Ibid*., p. 196.

(97) *Ibid*., pp. 198–199.

(98) *Ibid*., p. 200.

(99) Philip Molyneux and Munawar Iqbal, *Banking and Financial Systems in the Arab World*, Palgrave, 2005. pp. 158–159.

(100) *Ibid*.; Maurer, *op. cit*., p. 31.

(101) *Ibid*.

(102) Zamir Iqbal and Abbas Mirakhor, "The Development of Islamic Financial Institutions and Future Challenges" in Archer and Abdel Karim, *op. cit*., p. 56.

(103) *Ibid*., p.57.

(104) 2008年 7 月時点．http : //www.ifsb.org.

(105) *The Middle East*, No. 382, p. 44.

（52）*Ibid*., pp. 53–54.

（53）*Ibid*., pp. 47–49.

（54）ムフティー・ウスマーニー（Mufti Muhammad Taqi Usmani）は，International Islamic Fiqh Academy（国際イスラーム法学アカデミー）に属し，AAOIFI（Accounting and Auditing Organization for Islamic Financial Institutions：イスラーム金融機関のための会計監査機構）の理事でもある．

（55）Usmani, *An Introduction to Islamic Finance*, pp. 61–62.

（56）*Ibid*., pp. 62–64.

（57）*Ibid*., pp. 42–43.

（58）*Ibid*., pp. 66–68.

（59）*Ibid*., pp. 82–83.

（60）*Ibid*., pp. 86–87.

（61）*Ibid*., pp. 87–89.

（62）*Ibid*., p. 89.

（63）*Ibid*., pp. 89–90.

（64）*Ibid*., p. 90.

（65）*Ibid*., pp. 83–84.

（66）*Ibid*., pp. 84–85.

（67）*Ibid*., pp. 58–59.

（68）Wilson, "The Evolution of Islamic financial System", p. 32.

（69）Saeed, *op. cit*., p. 76.

（70）*Ibid*., p. 76–77.

（71）Adam and Thomas, *op. cit*., p.122.

（72）Usmani, *An Introduction to Islamic Finance*, p 105–106.

（73）*Ibid*., p. 103. たとえば運賃，関税は認められるが，人件費，設備賃貸料はコストとならない．

（74）*Ibid*., pp. 106–107.

（75）*Ibid*., p. 108.

（76）*Ibid*., p. 116.

（77）*Ibid*., p. 117.

（78）*Ibid*., pp. 157–158.

(32) 同上，pp. 43–44.

(33) 同上，pp. 44–48.

(34) 同上，pp. 48–50.

(35) 同上，p. 45.

(36) 同上，pp. 39–40.

(37) 同上，p. 74.

(38) 同上，pp. 75–81.

(39) 同上，p. 79.

(40) 同上，pp. 79–80.

(41) M・ユヌスが立ち上げ，世界的な発展を遂げたグラミン・バンクによるマイクロ・ファイナンスは，このカルドと同様の方式である．ユヌスはグラミン・バンクをイスラーム的な観点から説明してはいないが，彼は伝統的イスラーム社会の互助的関係のなかで育ち，それはグラミン・バンクの機構にも反映されている．ユヌスは自伝のなかで，グラミン・バンクが利子と呼ぶ返済時の割増金が，イスラームにおいて利子とはみなされず，借り手による出資として解釈される点を紹介している．ムハンマド・ユヌス＆アラン・ジョリ『ムハマド・ユヌス自伝：貧困なき世界をめざす銀行家』（猪熊弘子訳，早川書房，1998年）p. 205.

(42) イランは1983年の銀行法において，銀行のイスラーム化とともにカルド＝ル＝ハサン口座の開設を定めた．

(43) RHB Islamic Bank, “Mudharabah : The Challenges Ahead”, *Pure Finance : A Financial Guide by RHB Islamic Bank Berhad*, 2007, p. 45.

(44) バーキルッ＝サドル『無利子銀行論』pp. 59–61.

(45) Adam and Thomas, *op. cit*., pp. 124–125.

(46) RHB Islamic Bank, *op. cit*.

(47) Saeed, *op. cit*., p. 59.

(48) *Ibid*., p. 60 ; Mufti Muhammad Taqi Usmani, *An Introduction to Islamic Finance*, Maktaba Ma’ariful Qur’an, 2005, p. 35.

(49) Saeed, *op. cit*., pp. 61–62 ; Usmani, *ibid*., pp. 36–37.

(50) Usmani, *ibid*., p. 42.

(51) *Ibid*., p. 37.

*Law : Muhammad Baqer as-Sadr, Najaf and the Shi'i International*, Cambridge University Press, 1993；黒田壽郎「訳者まえがき」(バーキルッ＝サドル『イスラーム経済論』）を参照.

(18) Abraham L. Udovitch, *Partnership and Profit in Medieval Islam*, Princeton University Press, 1970.

(19) Abul Hassan and Abdelkader Chachi, "The Role of Islamic Financial Institutions in Sustainable Development" in *Islamic Finance and Economic Development*, edited by Munawar Iqbal and Ausaf Ahmad, Palgrave, 2005, p. 78.

(20) たとえば19世紀後半のイランでは，商人たちがムシャーラカ（共同出資）によって，貿易，金融，建設などの事業に関わり，産業のインフラ整備の一端を担っていた事例が多くみられる．Khosrō Mo'utadhād, *Tārīkh-e Tejārāt va Sarmāye-gozārī-ye Ṣanā'atī dar Īrān*［イランにおける商業と産業投資の歴史］, Enteshārāt-e Jānzāde, 1988, p. 575–582； Ahmad Ashraf, "Merchants and Artisans and the Developmental Processes of Nineteenth Century Iran" in *The Islamic Middle East, 700–1900*, edited by A.L. Udovitch, The Darwin Press, 1981, pp. 738–739.

(21) Ibrahim Warde, *Islamic Finance in the Global Economy*, Edinburgh University Press, 2000, p. 148.

(22) Udovitch, *Partnership and Profit in Medieval Islam*, pp. 170–173.

(23) Saeed, *op. cit*., pp. 51–52.

(24) *Ibid*., pp. 52–55.

(25) *Ibid*., p. 55.

(26) *Ibid*., p. 54.

(27) M・バーキルッ＝サドル『無利子銀行論』（黒田壽郎・岩井聡訳・解題，今村仁司解説，未知谷，1994年）.

(28) 同上，p. 24.

(29) Mutada Mutahhari, "Jihad in the Quran" in *Jihad and Shahadat : Struggle and Martyrdom in Islam*, edited by Mehdi Abedi and Gary Legenhousen, Islamic Publications International, 1986.

(30) バーキルッ＝サドル『無利子銀行論』p. 42.

(31) 同上，p. 57.

(13) Rodney Wilson, "The Evolution of the Islamic Financial System" in *Islamic Finance : Innovation and Growth*, edited by Simon Archer and Rifaat Ahmad Abdel Karim, Euromoney Books and AAOIFI, 2002, p. 30.

(14) 2007年の加盟国数は56ヶ国．Islamic Development Bank, *Facts and Figures on IDB Member Countries*, May, 2007.

(15) Wilson, "The Evolution of the Islamic Financial System", pp. 31–32.

(16) DMI は Dār al-Māl al-Islamī の略で，「イスラーム基金の家」を意味する．Rodney Wilson (ed.), *Islamic Financial Markets*, Routledge, 1990 ; Ingmar Wienen, *Impact of Religion on Business Ethics in Europe and the Muslim World : Islamic Versus Christian Tradition*, Peter Lang, 1999, p. 70.

(17) バーキルッ＝サドルの思想の中心をなす『イスラーム哲学』『イスラーム経済論』『無利子銀行論』の著作は，1959年以降，相次いで発表された．当時，彼はイラクのナジャフにおいて若くして頭角をあらわしたシーア派のムジュタヒド（イスラーム法学者）であった．1958年にカセム（Abd al-Karim al-Qasem）政権が軍事クーデターによって誕生すると，イスラーム勢力のなかでもとりわけシーア派は疎んじられた．カセム政権自体は1963年までの短命に終わったが，その間，政権はシーア派を押え込む手段として共産主義に対して寛容な政策をとった．保守的なイスラーム指導者たちは，イスラーム世界に流入してきた資本主義や共産主義に対し，無言の姿勢を保つことで否定の意志を示したが，そのような静観主義は民衆の支持を得ることができず，民衆のイスラーム離れを引き起こす事態となった．その結果，多くのシーア派の信者のなかに共産主義の影響があらわれるようになり，シーア派指導者たちは強い危機感を抱き，それまでの静観主義の伝統を脱し政治的な領域においても発言をするようになったのである．その後イラクは，1968年にアラブ・ナショナリズムを掲げるバース社会主義が政権の座につき，反体制的なイスラーム指導者たちの社会影響力に対して，引き続き圧力が加えられた．バーキルッ＝サドルは，『イスラーム社会論』を体系的にまとめる予定であったといわれているが，イラクのサッダーム・フセイン政権が隣国イランにおけるイスラーム革命（1979年）の波及を恐れ，バーキルッ＝サドルを処刑（1980年）したことにより，その偉業は途絶えることとなった．Chibli Mallat, *The Renewal of Islamic*

の二人分と同額．もし女児二人以上の時は，遺産の三分の二を受ける…」［第４章11節］．

(87) Ahmad, *op.cit*., p. 62.

(88) *Ibid*.

(89) *Ibid*., p. 65.

(90) Richard van Leeuwen, *Waqfs and Urban Strucutres : The Case for Ottoman Damascus*, E.J.Brill, 1999 ; R. D. McChesney, *Waqf in Central Asia : Four Hundred Years in the History of a Muslim Shrine, 1480–1889*, Princeton University Press, 1991.

## ■第３章

(１) http : //www.bloomberg.com

(２) Bill Maurer, *Pious Property : Islamic Mortgages in the United States*, Russell Sage Foundation, 2006.

(３) IFSBの日本のオブザーバー・メンバーは，日本銀行，国際協力銀行，日本証券業協会，みずほコーポレート銀行，野村證券，三井住友銀行である（2008年７月時点）．

(４) "Arab Funds under Scrutiny", *The Middle East*, No. 382, October 2007, p. 33.

(５) Natif J. Adam and Abdulkader Thomas, *Islamic Bonds : Your Guide to Issuing, Structuring and Investing in Sukuk*, Euromoney Books, 2004, p. 42.

(６) *Ibid*., p. 43.

(７) *Ibid*., p. 5. フィクフは「イスラーム法学」の意味．

(８) Sevket Pamuk, *A Monetary History of the Ottoman Empire*, Cambridge University Press, 2000, pp. 211–212.

(９) *Ibid*., p. 212.

(10) Rodney Wilson, *Economic Development in the Middle East*, Routledge, 1995, p. 86.

(11) Ibrahim Razaqi, *Iqtiṣād-e Īrān*［イラン経済］, Tehran, 1989, pp. 5–14 ; Geoffery Jones, *Banking and Empire in Iran : The History of British Bank of the Middle East*, Vol. 1, Cambridge University Press, 1986.

(12) Wilson, *op. cit*., p. 91.

た退蔵］，Qum, 1362 (S. H.), pp. 9–13.

(75) R・ヒルファディング『金融資本論』（林要訳，大月書店，1976年）pp. 169–170.

(76) 置塩信雄・伊藤誠『経済理論と現代資本主義：ノート交換による討論』（岩波書店，1989年）p. 248.

(77) ベルナール・スティグレール『象徴の貧困』（ガブリエル・メランベルジェ＆メランベルジェ眞紀訳，新評論，2006年）．スティグレールは，現在の社会を近代の産業社会の延長としてとらえ，バイオ－デジタルの技術の進展にともなって，身体的行為のみならず，精神，記憶，認識にいたる生に関わるすべてが産業化された社会をハイパー・インダストリアル社会と呼んでいる．

(78)「施しは，貧者，困窮者，これ（施しの事務）を管理する者，および心が（真理に）傾いてきた者のため，またアッラーの道のため（に率先して努力する者），また旅人のためのものである．これはアッラーの決定である．アッラーは全知にして英明であられる」［クルアーン　第9章60節］．

(79) クルアーンのなかで36回ザカートについて述べられているうち，21回は礼拝とならべて指示されているという．Ahmad, *op.cit*., p. 60.

(80) Muhammad Ariff, *The Muslim Private Sector in Southeast Asia*, Institute of Southeast Asian Studies, 1991.

(81) Ahmad, *op.cit*., p. 60.

(82) *Ibid*., p. 61；「戦争で得たどんな物も，五分の一は，アッラーと使徒そして近親者，孤児，貧者，そして旅人に属することを知れ…」［クルアーン　第8章41節］．

(83) *Ibid*.；「…実が熟したならば食べなさい．収穫の日には，定めの喜捨を供出し，浪費してはならない．本当にかれは，浪費の徒を御愛でになられない」［クルアーン　第6章141節］．

(84) A. Ben Shemesh, *Taxation in Islam*, E.J.Brill, 1965；Baber Johansen, *The Islamic Law on Land Tax and Rent*, Croom Helm, 1988.

(85) 黒田壽郎『イスラーム辞典』p. 186.

(86) クルアーン［第4章11–12節，176節］を参照．冒頭の一部を示すと「アッラーはあなたがたの子女についてこう命じられた．男児には，女児

『西欧経済思想史』pp. 105–106；大黒，前掲書，p. 41.

（54）上田『西欧経済思想史』p. 106.

（55）同上.

（56）同上，p. 107.

（57）同上，p. 108.

（58）同上.

（59）同上，p. 109；大黒，前掲書，pp. 44–47.

（60）上田，同上.

（61）同上.

（62）同上，p. 110.

（63）同上，p. 111.

（64）同上，p. 112.

（65）Saleh, *op.cit*., p. 86；Abdullah Saeed, *Islamic Banking and Interest : A Study of the Prohibition of Riba and its Contemporary Interpretation*, E.J. Brill, 1999, pp. 38–39.

（66）Saeed, *Ibid*., p. 38.

（67）*Ibid*.；スンニー派四法学派のなかでヒヤルを認めているのは，ハナフィー派とシャーフィイー派である.

（68）Munawar Iqbal, *Distributive Justice and Need Fulfillment in an Islamic Economy*, The Islamic Foundation, 1986, pp. 35–90；El-Ashker, *op.cit*., p. 62.

（69）ハミードッ＝ラー，前掲書，pp. 260–261. クルアーンには，次のように禁止が明示されている.「あなたがた信仰する者よ，誠に酒と賭け矢，偶像と占い矢は，忌み嫌われる悪魔の業である. これを避けなさい. 恐らくあなたがたは成功するであろう」［第5章90節］.

（70）Saleh, *op.cit*., p. 52.

（71）*Ibid*., p. 43.

（72）*Ibid*., p. 50.

（73）Sayyid Muṣtafā Muhaqqiq-Dāmād, *Tahlīl va Barrasī-ye Iḥtikār as Nazārgāh-e Fiqh-e Islamī*［イスラーム法の観点からみた退蔵に関する研究］, Tehran, 1984, pp. 66–76.

（74）Kāzem Ṣadr, *Iḥtikār az Dīdgāh-e Fiqh va Iqtiṣād*［法学と経済の観点からみ

(37) Mufti Muhammad Taqi Usmani, *The Historic Judgment on Interest*, Maktaba Ma'ariful Qur'an, 2005, p. 73.

(38) Emad H. Khalil, "An Overview of the Shari'a Prohibition of riba" in Thomas, *op.cit*., pp. 58–59.

(39) Al-Zuhayli, *op.cit*., p. 28.

(40) 預言者の伝承は以下のとおり.「アブー・サイードは次のように伝えている.アッラーの使徒のもとに乾燥ナツメヤシが持ち込まれた.するとアッラーの使徒はこういった.『このナツメヤシはわれわれのところのものと違う』.そこで一人の男がこういった.『アッラーの使徒よ,われわれはこの乾燥ナツメヤシの実1サーアを2サーアの品質の劣る乾燥ナツメヤシの実とで取引したのです』.するとアッラーの使徒はこういった.これこそリバーである.それを返しなさい.それからわれわれの乾燥ナツメヤシの実をまず売りなさい.そしてその代金でこの種の(上等な)乾燥ナツメヤシの実を買いなさい」『日訳サヒーフ・ムスリム』(第二巻,日本サウディアラビア協会,1985年).

(41) Al-Zuhayli, *op.cit*., p. 28.

(42) *Ibid*.

(43) *Ibid*.

(44) 大黒俊二『嘘と貪欲:西欧中世の商業・商人観』(名古屋大学出版会,2006年)pp. 186-187.

(45) 中沢新一『愛と経済のロゴス』(講談社選書,2003年)pp. 172-183.

(46) M・シェル『芸術と貨幣』(小澤博訳,みすず書房,2004年)pp. 29-36.

(47) 同上,p. 26.

(48) 同上,p. 6.

(49) 同上,p. 15.

(50) 同上,p. 20.

(51) 同上,p. 134.

(52) 上田辰之助『西欧経済思想史』(みすず書房,1989年)p. 104;大黒,前掲書,pp. 40-42.

(53) トマスの消費貸借説では,貨幣を小麦やぶどう酒と本性を同じくする消費財とみなし,使用のために所有の移転が欠かせない財ととらえた.上田

肆心水，2005年）pp. 247–259.
(18) バーキルッ＝サドル『イスラーム経済論』p. 73.
(19) Ahmad, *op.cit*., p. 10.
(20) *Ibid*., p. 11.
(21) K・マルクス『資本論』（大内兵衛・細川嘉六監訳，大月書店，1980年）p. 227.
(22) 今村仁司「イスラーム経済思想の社会哲学的考察」（バーキルッ＝サドル『イスラーム経済論』解説）p. 512.
(23) Ahmad, *op.cit*., p. 10.
(24) バーキルッ＝サドル『イスラーム経済論』p. 83.
(25) 同上，pp. 84–85.
(26) 同上，p. 69.
(27) 上田辰之助『蜜の寓話：自由主義経済の根底にあるもの』（みすず書房，1987年）pp. 60–61.
(28) 宇沢弘文『現代経済学への反省』（岩波書店，1987年）p. 213.
(29) J・アタリ＆M・ギヨーム『アンチ・エコノミクス』（斉藤日出治訳，法政大学出版局，1986年）pp. 148–171.
(30) Sayyid Mahmūd Tāleghānī, *Islām va Malīkiyāt*［イスラームと所有権］，Tehran, Shirkat-e Sahāmī-ye Enteshār, 1966, p. 144. この英語訳は，*Society and Economics in Islam*, translated by Cambell, R., Mizan Press, 1982 に収められている．
(31) Muhammad Umar Chapra, *Objectives of the Islamic Economic Order*, The Islamic Foundation, 1979, pp. 22–27.
(32) Ijtihādī, *op.cit*., p. 89.
(33) Nabil A. Saleh, *Unlawful Gain and Legitimate Profit in Islamic Law : Riba, Gharar and Islamic Banking*, Cambridge University Press, 1986, p. 13.
(34) Sh. Wahba Al-Zuhayli, “The Juridical Meaning of riba” (translated by Imam Abdul Rahim and Abdulkader Thomas) in *Interest in Islamic Economics : Understanding riba*, edited by Abdulkader Thomas, Routledge, London and New York, 2006, p. 27.
(35) Ahmad, *op.cit*., p. 106.
(36) Al-Zuhayli, *op.cit*., p. 29.

（3）同上，pp. 318–319.
（4）Ahmad Abdel-Fattah El-Ashker, *The Islamic Business Enterprise*, Croom Helm, 1987, pp. 60–62.
（5）土地所有に関する法的見解については，バーキルッ＝サドル『イスラーム経済論』pp. 181–239を参照.
（6）預言者が共有財として列挙したのは，水，牧草，火であった．これらは公共性の高い資源であり，その他の資源についても公共性の観点から，私的所有の可否ついて類推される．Qutb, *op.cit*., p. 137.
（7）Ibrahim, *op.cit*., p. 88.
（8）Jahangir Amuzegar, *Iran's Economy under the Islamic Republic*, I. B. Tauris, 1997, pp. 142–143.
（9）バーキルッ＝サドル『イスラーム経済論』p. 318.
（10）これに関しては預言者ムハンマド自身が，アッラーにあやまちを指摘されている．当時，メッカの有力部族であったクライシュ族に熱心に布教していたムハンマドに，貧しい身なりをした盲人が近づき教えについて尋ねた時，話が中断されたことにムハンマドが眉をひそめ，さらに顔を背け，その応対を軽んじたことに対し，「断じてあってはならぬこと」という啓示が下されている［クルアーン　第80章 1 –11節］.
（11）私有財の区分に関する(1)〜(7)の説明は，Qutb, *op.cit*., pp. 139–143を参照.
（12）バーキルッ＝サドル『イスラーム経済論』pp. 242–252．鉱物は，その本性のあり方の相違にもとづいて第一次と第二次に区分される．第一次鉱物は，その鉱物としての実質があらわになるために余分な労働の投入や加工を必要としないもので，石油，石炭，岩塩などがこれに分類される．他方，第二次鉱物は，その鉱物の本性が明らかとなり，その鉱物としての実質があらわになるために，労働や処置を必要とするもので，金，銀，鉄，銅などがこれに当たる.
（13）Qutb, *op.cit*., p. 139.
（14）バーキルッ＝サドル『イスラーム経済論』p. 250.
（15）ブハーリー，前掲書，p. 338.
（16）Ahmad, *op.cit*., pp. 10–11.
（17）ムハンマド・ハミードッ＝ラー『イスラーム概説』（黒田美代子訳，書

Kazi Muhtar Holland, Islamic Foundation, 1982；M.Izzi Dien, *The Theory and the Practice of Market Law in Medieval Islam*, E.J.W. Gibb Memorial Trust, 1997 を参照.

(51) M・バーキルッ＝サドル『イスラーム哲学』(黒田壽郎訳・解題，今村仁司解説，未知谷，1994年) p. 60.

(52) 同上，pp. 65–66.

(53) 善行と悪行の記録については以下の聖句を参照.「断じていけない．罪ある者の記録は，スィッジーンのなかに（保管して）ある」[クルアーン　第83章７節]，「これに引きかえ敬虔な者の記録は，イッリッイーンのなかに（保管して）ある」[同　第83章18節].

(54)「このようにわれは，あなたがたを中正の共同体（ウンマ）とする…」[クルアーン　第２章143節]：シャリーアティー，前掲書，p. 85.

(55) シャリーアティー，前掲書，pp. 220–266.

(56) J・アタリも，M・エリアーデの解釈を受けて，旧約聖書に記されたカインによるアベルの物語を所有の問題として説明している．カインはアベルの殺害後，神によって追放され，アダム（アーダム）が楽園を失ったように土地を失うが，それは神が「暴力の裏面，無産者，非所有者，ノマドが甘受している暴力の裏面で生きることをカインに教えるため」であるという．ノアの箱舟やバベルの塔をはじめとし，その後も神による破壊と追放は延々と続くこととなるが，それは神への恩をかえりみず，所有の争いに興じる人間に対する警告であったととらえられている．ジャック・アタリ『所有の歴史：本義にも転義にも』(山内昶訳，法政大学出版局，1994年) p. 125.

(57) クルアーン［第28章76–82節].

## ■第２章

(１) Abū al-Qāsim Ijtihādī, *Barrasī-ye Wadh'ī Mālī-ye Muslimīn : As Āghāz ta Pāyān-e Doure-ye Umvī* [ウマイヤ朝におけるムスリムの財政状況], Tehran, Enteshārāt-e Sedā va Sīmā', 1985, p. 85.

(２) M・バーキルッ＝サドル『イスラーム経済論』(黒田壽郎訳・解題，今村仁司解説，未知谷，1993年) pp. 25–26.

(39) シャリーアティー，前掲書，pp. 255–256. シャリーアティーは神に対する貸付けについて次のように述べている.「たとえば『あなたがたがもしもアッラーに立派な貸付けをすれば，必ず倍にして返して下さろう』という聖句において，アッラーという語の実際の意味が〈民衆〉であることは明らかである．なぜならば神はあなたがたから立派な貸付けを受ける必要など皆無だからである．よってこの聖句は，実際には『あなたがたがもしも民衆に立派な貸付けをすれば…』という意味なのである」.

(40) Wael B.Hallaq, *Authority, Continuity and Change in Islamic Law*, Cambridge University Press, 2001.

(41) Majid Fakhry, *Ethical Theories in Islam*, E. J. Brill, 1991, p. 18.

(42) *ibid*., p. 19.

(43) 黒田美代子，前掲書，p. 155によれば，アラビア語でいう商人，タージル（*tājir*）は語学的に (t) (') (j) (r) の四つの要素からなり，それぞれが，あるべき商人の資質をあらわすという．すなわち，t＝*taqwā* 神をおそれ敬うこと，'＝'*amanah* 誠実さ，j＝*jur'ah* 勇気，新取の気性，r＝*raḥmah* 慈悲心．そしてこの四つの資質を兼ね備えていなければ，真の商人とはみなされない.

(44) リチャード・T・ディジョージ『ビジネス・エシックス：グローバル経済の倫理的要請』(永安幸正・山田經三監訳，麗沢大学ビジネス・エッシクス研究会訳，明石書店，1997年）p. 19.

(45) 同上，pp. 19–20.

(46) マックス・ヴェーバー『プロテスタンティズムの倫理と資本主義の精神』(大塚久雄訳，岩波書店，1989年).

(47) 三戸公『管理とは何か』(文眞堂，2002年）pp. 77–79.

(48) ブハーリー『ハディースII：イスラーム伝承集成』(牧野信也訳，中公文庫，2001年).

(49) R.P. Buckley, "Hisba and Muhtasib" in *The Book of the Islamic Market Inspector* [translated from Arabic with introduction and notes by R.B. Buckley], Oxford University, 1999, p. 6.

(50) その他，イスラームの市場監督に関する文献として，Ibn Taymiyah, *Public Duties in Islam : The Institution of the Hisba*, translated from Arabic by

わなければならない義務を指す．六信は①アッラー，②天使たち，③諸啓典，④預言者たち，⑤来世，⑥天命であり，五行は⑴信仰告白，⑵礼拝，⑶断食，⑷ザカート（喜捨），⑸巡礼である．黒田壽郎『イスラーム辞典』参照．

(33) クルアーン［第69章19–27節］，［第84章７–10節］．

(34) Mushtaq Ahmad, *Business Ethics in Islam*, Kitab Bhavan, 1999, p. 14.

(35) 神に対する貸付けについては，以下のような聖句がある．「アッラーに善い貸付けをする者は誰であるのか．かれはそれを倍加され，また数倍にもなされるではないか．アッラーは，貧しくもまた豊かにも自由自在に与えられる．あなたがたはかれの御許に帰されるのである」［クルアーン第２章245節］，「施しをする男と施しをする女とアッラーに善い貸付けをする者には，かれはそれを倍にされ，気前のよい報奨を授けるであろう」［同　第57章18節］．

(36) 預言者ムハンマドの死後，彼の後継者としてイスラーム共同体を指導した四代のカリフを後代のカリフと区別して，正統カリフと呼ぶ．この時代（632–661年）は，預言者ムハンマドの時代とならんでイスラームの教えが実現されていた時代とみなされている．初代カリフは，アブー・バクル（632–634年），次いで第二代，ウマル（634–644年），第三代，ウスマーン（644–656年），第四代，アリー（656–661年）である．イスラームの歴史については，フィリップ・K・ヒッティ『アラブの歴史（上）（下）』（岩永博訳，講談社学術文庫，1982年）；嶋田襄平『初期イスラーム国家の研究』（中央大学出版部，1996年）；Ira M. Lapidus, *A History of Islamic Societies*, Cambridge University Press, 1988； Albert Hourani, *A History of the Arab Peoples*, Faber and Faber, 1991 を参照．

(37) A. Sharī‘atī, *Ummat va Imāmat*［ウンマとイマーマ］，Tehran, Daftar-e Tadvīn va Tanzīm Majmū’e-ye Āthār-e Dr. A.Shari‘atī［アリー・シャリーアティー著作集編集局］，n.d.

(38) Majid Khadduri, *The Islamic Conception of Justice*, Johns Hopkins University Press，1984；Sayyid Qutb, *Social Justice in Islam* (translated from the Arabic by John B. Hardie, and translation revised and introduction by Hamid Alger), Islamic Publications International, 2000.

ト教において，アダムとイブは禁断の木の実を口にしたために楽園を追放されたが，イスラームにおいても彼らは同様に罰せられ楽園を追放される．ただし二人の共犯とされ，キリスト教におけるようにイブがアダムをそそのかしたことによるものとはされていない．そして楽園追放により，禁断の木の実を食した二人の罪は償われたこととなり，イスラームでは子々孫々が生まれながらに負う原罪は存在しない．原罪の有無はそれぞれの社会の深層に相違をもたらし，男女の関係，社会の構造，人々の生き方等に影響を与えている．

(25) スンニー派の四法学派とは，ハナフィー派，シャーフィイー派，マーリキー派，ハンバリー派を指す．イスラーム法学の発展については，以下を参照．Wael B. Hallaq, *The Origins and Evolution of Islamic Law*, Cambridge University Press, 2005；H・ガーバー『イスラームの国家・社会・法：法の歴史人類学』（黒田壽郎訳・解説，藤原書店，1996年）；Peri Bearman, Rudolph Peters, and Frank E. Vogel (eds.), *The Islamic School of Law : Evolution, Devolution, and Progress*, Harvard Law School, 2005.

(26) シーア派法学については，以下を参照．Ahmad Kazemi Moussavi, *Religious Authority in Shi'ite Islam : From the Office of Mufti to the Institution of Marja'*, International Institute of Islamic Thought and Civilization (ISTAC), Kuala Lumpur, 1996； Said Amir Arjomand (ed.), *Authority and Political Culture in Shi'ism*, State University of New York Press, 1988.

(27) 黒田壽郎『イスラームの構造』pp. 152–156.

(28) 法解釈，イジュティハードについては，前掲の Hallaq, *The Origins and Evolution of Islamic Law* に詳しい．

(29) 眞田芳憲『イスラームの法の精神』（改訂増補版，中央大学出版会，2000年）pp. 91–93.

(30) 黒田壽郎『イスラームの構造』pp. 160–162.

(31) 正統カリフの四代目アリーの有名な言葉．またクルアーンには次のような聖句がある．「来世の耕作を願う者にはわれはその収穫を増し，また現世の耕作を願う者には，その望むだけを与えよう．だがその者には，来世での分け前はないのである」[第42章20節].

(32) 六信五行とは，ムスリムが基本的に信じなければならないことと，行な

（９）Ibrahim, *ibid*., pp. 57–62.
（10）*Ibid*., pp. 62–65.
（11）Olivia Remie Constable, *Trade and Traders in Muslim Spain : The commercial realignment of the Iberian peninsula, 900–1500*, Cambridge University Press, 1994 ; Patricia Risso, *Merchants and Faith : Muslim Commerce and Culture in the Indian Ocean*, Westview Press, 1995.
（12）黒田壽郎『イスラームの心』（中公新書，1982年）p. 19；ターナー，前掲書，p. 22.
（13）A・シャリーアティー『イスラーム再構築の思想』（櫻井秀子訳・解説，大村書店，1997年）pp. 192–193.
（14）同上，pp. 164–218.
（15）黒田壽郎『イスラームの構造：タウヒード，シャリーア，ウンマ』（書肆心水，2004年）pp. 67–69；ターナー，前掲書，pp. 241–243.
（16）黒田壽郎『イスラームの構造』pp. 70–134.
（17）同上，p. 70.
（18）同上，pp. 80–83.
（19）同上，pp. 84–86.
（20）同上，pp. 102–103.
（21）同上，p. 94；また，この点に関するクルアーンの聖句には「かれこそはあなたがたを地上の（かれの）代理者となされ」[第６章165節]，「アッラーはあなたがたのうち，善行して信仰に勤しむ者には，あなたがた以前の者に継がせたように，この大地を継がせることを約束された」[第24章55節] などがある．
（22）この点について，黒田壽郎『イスラームの構造』p. 102は，「あなたは信者たちがさながら一つの身体であるかのように互いに親切，愛情，同情を交わし合うさまを見るであろう．そして身体の一部が痛めば，全身が不眠と熱で反応する」という預言者の言葉に言及して，タウヒードに導かれる共同体のありようを説明している．
（23）シャリーアティー，前掲書，p. 233.
（24）黒田壽郎『イスラームの構造』pp. 208–209において，原罪に関してキリスト教とイスラームとの間の相違が示されている．それによれば，キリス

「人道的」軍事主義：コソボの教訓』（益岡賢／大野裕／ステファニー・クープ訳，現代企画室，2002年）が蓄積されていく現状を指摘している．

（5）モハマド・マハティール『立ち上がれ日本人』（加藤暁子訳，新潮新書，2003年）pp. 89–112.

（6）スチュアート・クレイナー『マネジメントの世紀　1901－2000』（島口充輝監訳，岸本義之・黒岩健一郎訳，東洋経済新報社，2003年）；ダニエル・A・レン『マネジメント思想の進化』（佐々木恒男監訳，文眞堂，2003年）．

（7）内橋克人『悪魔のサイクル：ネオリベラリズム循環』（文藝春秋，2006年）．

（8）黒田壽郎編『イラク戦争への百年：中東民主化の条件は何か』（書肆心水，2004年）．

## ■第1章

（1）黒田美代子『商人たちの共和国：世界最古のスーク，アレッポ』（藤原書店，1997年）．

（2）Nemat Shafik, *Economic Challenges facing Middle Eastern and North African Countries : Alternative Futures*, Macmillan, 1998.

（3）黒田壽郎編，前掲書．

（4）池田理代子＆マガジンハウス編『もし世界が100人の村だったら②』（マガジンハウス，2002年）には，世界のさまざまな格差が単純化され示されている．

（5）イスラームに関する概要については，黒田壽郎編『イスラーム辞典』（東京堂，1983年）を参照．

（6）ジクリト・フンケ『アラビア文化の遺産』（高尾利数訳，みすず書房，1996年）；ハワード・R・ターナー『図説・科学で読むイスラム文化』（久保儀明訳，青土社，2001年）．

（7）家島彦一『イスラム世界の成立と国際商業』（岩波書店，1991年）p. 99.

（8）Mahmood Ibrahim, *Merchant Capital and Islam*, The University of Texas Press, 1990, pp. 41–43 ; Robert Simon, *Meccan Trade and Islam : Problems of Origin and Structure*, Akademiai Kiado, Budapest, 1989, pp. 63–70.

# 注

## ■はじめに

（1）イスラーム法に準拠した取引を行なう企業の株価をダウ・ジョーンズ社が指数化したもの.

（2）櫻井秀子「経営の国際化と異文化経営：多元的経営の共存に向けて」（中村瑞穂編『経営学：企業と経営の理論』白桃書房，2003年）pp. 290–311.

（3）石油連盟・原油国別輸入統計（http : //www.paj.gr.jp/statis/excel/paj–4.xls）を参照し，イスラーム圏の国を抽出した後，それらの国々の原油輸入総量を算出した.

（4）エドワード・E・サイードは『オリエンタリズム　上・下』（今沢紀子訳，平凡社ライブラリー，1993年）ならびに『文化と帝国主義〈1〉〈2〉』（大橋洋一訳，みすず書房，〈1〉1998年，〈2〉2001年）において，18世紀から20世紀にかけて近代ヨーロッパ世界がアラブ・イスラーム社会に向けた偏見のまなざしと，それによってその文化と社会を恒常的に劣位に位置付けることにより，その文化圏を支配する試みを多くの文学作品から詳らかにした．そこでは帝国主義と啓蒙主義が一体化していく過程が明らかになり，ヨーロッパ社会がイスラーム社会に抱いた偏見と植民地政策の正当性の根拠が浮き彫りにされた．同じくサイードによる『イスラーム報道』（浅井信雄・佐藤成文訳，みすず書房，1996年）では，1979年のイラン革命に関するテレビ報道を通じて，米国の家庭のなかにイスラームへの偏見が固定化し浸透した経緯が示され，湾岸戦争以降の傾向は『戦争とプロパガンダ⑴–⑷』（中野真紀子訳，みすず書房，⑴⑵2002年，⑶⑷2004年）に示されている．さらにN・チョムスキーは『メディア・コントロール』（鈴木主税訳，集英社新書，2003年）をはじめとする多くの著作において，湾岸戦争からイラク戦争にかけて強化されたメディア・コントロールが偏見を創作した事実を示し，「意図的な無知」『アメリカの

の限界：人類の選択』枝廣淳子訳，ダイヤモンド社，2005年．

モース，M『社会学と人類学Ⅰ』有地亨・伊藤昌司・山口俊夫訳，弘文堂，1980年．

モッラー・サドラー『存在認識の道：存在と本質について』井筒俊彦訳・解説，岩波書店，1978年．

家島彦一『イスラム世界の成立と国際商業』岩波書店，1991年．

ユヌス，ムハンマド&アラン・ジョリ『ムハマド・ユヌス自伝：貧困なき世界をめざす銀行家』猪熊弘子訳，早川書房，1998年．

吉田悦章『イスラム金融入門』東洋経済新報社，2007年．

リッツア，ジョージ『マクドナルド化する社会』正岡寛司監訳，早稲田大学出版部，1999年．

レン，ダニエル・A『マネジメント思想の進化』佐々木恒男監訳，文眞堂，2003年．


〈クルアーン，ハディース〉

日亜対訳・注解『聖クルアーン』日本ムスリム協会，1982年．

『コーラン　上・中・下』井筒俊彦訳，岩波書店，1984年．

『日訳サヒーフ・ムスリム』日本サウディアラビア協会，1985年．

ブハーリー『ハディース：イスラーム伝承集成〈全6巻〉』牧野信也訳，中公文庫，2001年．

〈雑誌，報告書，統計資料〉
*Farhang-e Islamī*, 1–4, Enteshārāt-e Dāneshgāh-e Tehrān, 1363 (H.S.)［イスラーム辞典　全4巻，テヘラン大学出版，1984年］．
*The Middle East*, No.382, October 2007；No.391, July 2008.
Islamic Development Bank, *Facts and Figures on IDB Member Countries*, May, 2007.
RHB Islamic Bank, *Pure Finance : A Financial Guide by RHB Islamic Bank Berhad*, 2007.
Bloomberg http://www.bloomberg.com
石油連盟・原油国別輸入統計 http://www.paj.gr.jp/statis/excel/paj-4.xls

デーヴィス，ナタリー・Z『贈与の文化史：16世紀フランスにおける』宮下志朗訳，みすず書房，2007年.
中沢新一『愛と経済のロゴス』講談社選書，2003年.
中村哲『ダラエ・ヌールへの道：アフガン難民とともに』石風社，2000年.
中村瑞穂編『経営学：企業と経営の理論』白桃書房，2003年.
バーキルッ＝サドル・M『イスラーム経済論』黒田壽郎訳・解題，今村仁司解説，未知谷，1993年.
……………………………『無利子銀行論』黒田壽郎・岩井聡訳・解題，今村仁司解説，未知谷，1994年.
……………………………『イスラーム哲学』黒田壽郎訳・解題，今村仁司解説，未知谷，1994年.
濱口恵俊『日本研究原論：「関係体」としての日本人と日本社会』有斐閣，1998年.
ハミードッ＝ラー，ムハンマド『イスラーム概説』黒田美代子訳，書肆心水，2005年.
ヒッティ，フィリップ・K『アラブの歴史（上）（下）』岩永博訳，講談社学術文庫，1982年.
ヒルファディング，R『金融資本論』林要訳，大月書店，1976年.
フランク，アンドレ・グンダー『リオリエント：アジア時代のグローバル・エコノミー』山下範久訳，藤原書店，2000年.
フンケ，ジクリト『アラビア文化の遺産』高尾利数訳，みすず書房，1996年.
ポラニー，K『大転換：市場社会の形成と崩壊』吉沢英成・野口建彦ほか訳，東洋経済新報社，1975年.
ボールディング，K・E『愛と恐怖の経済：贈与の経済学序説』公文俊平訳，佑学社，1975年.
マハティール，モハマド『立ち上がれ日本人』加藤暁子訳，新潮新書，2003年.
マルクス，K『資本論』大内兵衛・細川嘉六監訳，大月書店，1980年.
ミース，M『国際分業と女性：進行する主婦化』奥田暁子訳，日本経済評論社，1997年.
三戸公『家の論理(1)(2)』文眞堂，1991年.
………『管理とは何か』文眞堂，2002年.
村上泰亮・公文俊平『文明としてのイエ社会』中央公論新社，1997年.
メドウズ，ドメラ・H & デニス・L・メドウズ&ヨルゲン・ランダース『成長京，2000年.
ゴドリエ，モーリス『贈与の謎』山内昶訳，法政大学出版局，2000年.
子安宣邦『「アジア」はどう語られてきたか』藤原書店，2003年.
サイード，エドワード・E『オリエンタリズム　上・下』今沢紀子訳，平凡社ライブラリー，1993年.
……………………………『イスラーム報道』浅井信雄・佐藤成文訳，みすず書房，1996年.
……………………………『文化と帝国主義〈1〉〈2〉』大橋洋一訳，みすず書房，〈1〉1998年，〈2〉2001年.
……………………………『戦争とプロパガンダ(1)－(4)』中野真紀子訳，みすず書房，(1)(2)2002年，(3)(4)2004年.
ザックス，ヴォルフガング編『脱「開発」の時代：現代社会を解読するキーワード辞典』三浦清隆他訳，晶文社，1992年.
眞田芳憲『イスラームの法の精神』（改訂増補版）中央大学出版会，2000年.
シェル，M『芸術と貨幣』小澤博訳，みすず書房，2004年.
ジグレール，ジャン『私物化される世界』渡辺一男訳，阪急コミュニケーションズ，2004年.
柴山恵美子・藤井治枝・守屋貴司編『世界の女性労働』ミネルヴァ書房，2005年.
嶋田襄平『初期イスラーム国家の研究』中央大学出版部，1996年.
シャリーアティー，A『イスラーム再構築の思想』櫻井秀子訳・解説，大村書店，1997年.
スティグレール，ベルナール『象徴の貧困』ガブリエル・メランベルジェ&メランベルジェ眞紀訳，新評論，2006年.
ターナー，ハワード・R『図説・科学で読むイスラム文化』久保儀明訳，青土社，2001年.
チョムスキー，ノーム『アメリカの「人道的」軍事主義：コソボの教訓』益岡賢／大野裕／ステファニー・クープ訳，現代企画室，2002年.
…………………………『メディア・コントロール：正義なき民主主義と国際社会』鈴木主税訳，集英社新書，2003年.
ディジョージ，リチャード・T『ビジネス・エシックス：グローバル経済の倫理的要請』永安幸正・山田經三監訳，麗沢大学ビジネス・エッシクス研究会訳，明石書店，1997年.

池田理代子&マガジンハウス編『もし世界が100人の村だったら②』マガジンハウス，2002年.
イスラム金融検討会『イスラム金融：仕組みと動向』日本経済新聞出版社，2008年.
板垣雄三・佐藤次高編『概説イスラーム史』有斐閣選書，1986年.
今村仁司『社会性の哲学』岩波書店，2007年.
稲葉襄『仏教と経営：経営と人生(6)』中央経済社，1994年.
………『企業経営哲学：人生と企業経営』文眞堂，2002年.
岩井克人『ヴェニスの商人の資本論』筑摩書房，1985年.
上田辰之助『蜜の寓話：自由主義経済の根底にあるもの』みすず書房，1987年.
……………『西欧経済思想史』みすず書房，1989年.
ヴェーバー，M『プロテスタンティズムの倫理と資本主義の精神』大塚久雄訳，岩波書店，1989年.
宇沢弘文『現代経済学への反省』岩波書店，1987年
内橋克人『悪魔のサイクル：ネオリベラリズム循環』文藝春秋，2006年.
大黒俊二『嘘と貪欲：西欧中世の商業・商人観』名古屋大学出版会，2006年.
置塩信雄・伊藤誠『経済理論と現代資本主義：ノート交換による討論』岩波書店，1989年.
ガーバー，H『イスラームの国家・社会・法：法の歴史人類学』黒田壽郎訳・解説，藤原書店，1996年.
糟谷英輝『拡大するイスラーム金融』蒼天社出版，2007年.
クレイナー，スチュアート『マネジメントの世紀　1901－2000』島口充輝監訳，岸本義之・黒岩健一郎訳，東洋経済新報社，2003年.
黒田壽郎『イスラームの心』中公新書，1982年.
…………『イスラームの構造：タウヒード，シャリーア，ウンマ』書肆心水，2004年.
黒田壽郎編『イスラーム辞典』東京堂，1983年.
……………『イラク戦争への百年：中東民主化の条件は何か』書肆心水，2004年.
黒田美代子『商人たちの共和国：世界最古のスーク，アレッポ』藤原書店，1997年.
コーテン，デヴィット『ポスト大企業の世界：貨幣中心の市場経済から人間中心の世界へ』西川潤監訳，松岡由紀子訳，シュプリンガー・フェアラーク東

*Improving its Efficiency*, Peter Lang, 2003.

Thomas, Abdulkader (ed.), *Interest in Islamic Economics : Understanding riba*, Routledge, London and New York, 2006.

Tripp, Charles, *Islam and the Moral Economy : The Challenge of Capitalism*, Cambridge University Press, 2006.

Udovitch, Abraham L., *Partnership and Profit in Medieval Islam*, Princeton University Press, 1970.

Udovitch, A.L. (ed.), *The Islamic Middle East, 700–1900*, The Darwin Press, 1981.

Usmani, Mufti Muhammad Taqi, *The Historic Judgment on Interest*, Maktaba Ma'ariful Qur'an, 2005.

……………………………, *An Introduction to Islamic Finance*, Maktaba Ma'ariful Qur'an, 2005.

Utvik, Bjørn Olave, *Islamist Economics in Egypt : The Pious Road to Development*, Lynne Rienner Publishers, 2006.

Warde, Ibrahim, *Islamic Finance in the Global Economy*, Edinburgh University Press, 2000.

Weiss, Walter M., *The Bazaar : Markets and Merchants of the Islamic World*, Thames and Hudson, 1998.

Wienen, Ingmar, *Impact of Religion on Business Ethics in Europe and the Muslim World : Islamic Versus Christian Tradition*, Peter Lang, 1999.

Wikan, Unni, *Behind the Veil in Arabia : Women in Oman*, The John's Hopkins University Press, 1982.

Wilson, Rodney, *Economic Development in the Middle East*, Routledge, 1995.

Wilson, Rodney (ed.), *Islamic Financial Markets*, Routledge, 1990.

Zayas, Farishta G. de, *The Law and Philosophy of Zakat*, Al-Jadidah Printing Press, Damascus, 1960.

アタリ，J『所有の歴史：本義にも転義にも』山内昶訳，法政大学出版局，1994年.

アタリ，J&ギヨーム，M『アンチ・エコノミクス』斉藤日出治訳，法政大学出版局，1986年.

アベグレン，ジェームス・C『新・日本の経営』山岡洋一訳，日本経済新聞社，2004年.

アリストテレス『ニコマコス倫理学（上)』高田三郎訳，岩波文庫，1991年.

Peters, Bearman, Rudolph and Vogel, Frank E., *The Islamic School of Law : Evolution, Devolution, and Progress*, Harvard Law School, 2005.

Qutb, Sayyid, *Social Justice in Islam* (translated from the Arabic by John B. Hardie, and translation revised and introduction by Hamid Alger), Islamic Publications International, 2000.

……………, *Basic Principles of the Islamic Worldview* (translated by Rami David and Preface by Hamid Alger), Islamic Publications International, 2006.

Razaqi, Ibrahim, *Iqtiṣād-e Īrān* ［イラン経済］, Tehran, 1989.

Risso, Patricia, *Merchants and Faith : Muslim Commerce and Culture in the Indian Ocean*, Westview Press, 1995.

Ṣadr, Kāzem, Iḥtikār az Dīdgāh-e Figh va Iqtiṣād ［法学と経済の観点からみた退蔵］, Qum, 1362 (S.H.).

Saeed, Abdullah, *Islamic Banking and Interest : A Study of the Prohibition of Riba and its Contemporary Interpretation*, E.J.Brill, 1999.

Saleh, Nabil A., *Unlawful Gain and Legitimate Profit in Islamic Law : Riba, Gharar and Islamic Banking*, Cambridge University Press, 1986.

Shafik, Nemat, *Economic Challenges facing Middle Eastern and North African Countries : Alternative Futures*, Macmillan, 1998.

Sharī'atī, A., *Ummat va Imāmat* ［ウンマとイマーマ］, Tehran, Daftar-e Tadvīn va Tanẓīm Majmū'e-ye Āthār-e Dr. A.Shari'atī ［アリー・シャリーアティー著作集編集局］, n.d.

Shemesh, A. Ben, *Taxation in Islam*, E.J.Brill, 1965.

Simon, Robert, *Meccan Trade and Islam : Problems of Origin and Structure*, Akademiai Kiado, Budapest, 1989.

Singermann, Diane, *Avenue of Participation : Family, Politics, and Networks in Urban Quarters of Cairo*, The American University in Cairo Press, 1997.

Tabatabai, Sayyid Muhammad H., *Falsafeh-ye Iqteṣād-e Islam* ［イスラーム経済哲学］, Mu'aseseh-ye Maṭbū'ātī-ye Atā'ī, 1983.

Tāleghānī, Sayyid Mahmūd, *Islām va Malīkiyāt* ［イスラームと所有権］, Tehran, Shirkat-e Sahāmī-ye Enteshār, 1966.

……………………, *Society and Economics in Islam* (translated by Cambell, R.), Mizan Press, 1982.

Tamer, Sami, *The Islamic Financial System : A Critical Analysis and Suggestions for dle East*, Vol. 1, Cambridge University Press, 1986.

Keshavarzian, Arang, *Bazaar and State in Iran : The Politics of the Tehran Marketplace*, Cambridge University Press, 2007.

Khadduri, Majid, *The Islamic Conception of Justice*, Johns Hopkins University Press, 1984.

Kuran, Timur, *Islam and Mammon : The Economic Predicaments of Islamism*, Princeton University Press, 2004.

Lapidus, Ira M., *A History of Islamic Societies*, Cambridge University Press, 1988.

Leeuwen, Richard van, *Waqfs and Urban Strucutres : The Case for Ottoman Damascus*, E.J. Brill, 1999.

Lobban, Jr., Richard A.(ed.), *Middle Eastern Women and the Invisible Economy*, University press of Florida, 1998.

Mallat, Chibli, *Islamic Law and Finance*, School of Oriental and African Studies (SOAS), University of London, 1988.

………………, *The Renewal of Islamic Law : Muhammad Baqer as-Sadr, Najaf and the Shi'i International*, Cambridge University Press, 1993.

Maurer, Bill, *Pious Property : Islamic Mortgages in the United States*, Russell Sage Foundation, 2006.

McChesney, R.D., *Waqf in Central Asia : Four Hundred Years in the History of a Muslim Shrine, 1480–1889*, Princeton University Press, 1991.

Minai, Naila, *Women in Islam : Tradition and Transition in the Middle East*, John Murry, 1981.

Molyneux, Philip and Munawar Iqbal, *Banking and Financial Systems in the Arab World*, Palgrave, 2005.

Moussavi, Ahmad Kazemi, *Religious Authority in Shi'ite Islam : From the Office of Mufti to the Institution of Marja'*, International Institute of Islamic Thought and Civilization (ISTAC), Kuala Lumpur, 1996.

Mo'utadhād, Khosrō, *Tārīkh-e Tejārāt va Sarmāye-gozārī-ye Sanā'atī dar Īrān* ［イランにおける商業と産業投資の歴史］, Enteshārāt-e Jānzāde, 1988.

Muhaqqiq-Dāmād, Sayyid Muṣtafā, *Tahlīl va Barrasī-ye Iḥtikār as Nazārgāh-e Fiqh-e Islamī* ［イスラーム法の観点からみた退蔵に関する研究］, Tehran, 1984.

Pamuk, Sevket, *A Monetary History of the Ottoman Empire*, Cambridge University Press, 2000.

Dien, M.Izzi, *The Theory and the Practice of Market Law in Medieval Islam*, E.J.W. Gibb Memorial Trust, 1997.

Fakhry, Majid, *Ethical Theories in Islam*, E. J. Brill, 1991.

Gambling, Trevor and Rifaat Ahmed Abdel Karim, *Business and Accounting Ethics in Islam*, Mansell, 1991.

Geertz, Clifford, *Meaning and Order in Moroccan Society*, Cambridge University Press, 1979.

Gibb, H. A. R. and J. H. Kramers (eds.), *Shorter Encyclopaedia of Islam*, Third Impression, E. J. Brill, 1991.

Hallaq, Wael B., *Authority, Continuity and Change in Islamic Law*, Cambridge University Press, 2001.

………………, *The Origins and Evolution of Islamic Law*, Cambridge University Press, 2005.

Hassan, M. Kabir and Mervyn K. Lewis, *Handbook of Islamic Banking*, Edward Elgar Publishing, 2007.

Hawkins, David H., *Corporate Social Responsibility : Balancing Tomorrow's Sustainability and Today's Profitability*, Palgrave, 2006.

Hourani, Albert, *A History of the Arab Peoples*, Faber and Faber, 1991.

Ibn Taymiyah, *Public Duties in Islam : The Institution of the Hisba*, translated from Arabic by Kazi Muhtar Holland, Islamic Foundation, 1982.

Ibrahim, Mahmood, *Merchant Capital and Islam*, The University of Texas Press, 1990.

Ijtihādī, Abū al-Qāsim, *Barrasī-ye Wadh'ī Mālī-ye Muslimīn : As Āghāz ta Pāyān-e Doure-ye Umvī*［ウマイヤ朝におけるムスリムの財政状況］, Tehran, Enteshārāt-e Sedā va Sīmā', 1985.

Iqbal, Munawar, *Distributive Justice and Need Fulfillment in an Islamic Economy*, The Islamic Foundation, 1986.

Iqbal, Munawar and Ausaf Ahmad (eds.), *Islamic Finance and Economic Development*, Palgrave, 2005.

Iqbal, Munawar and Tariqullah Khan (eds.), *Financial Engineering and Islamic Contracts*, Palgrave, 2005.

Ja'farī, M. T., *Manābe-ye Fiqh*［イスラーム法の法源］, Enteshārāt-e Enteshār, 1965.

Johansen, Baber, *The Islamic Law on Land Tax and Rent*, Croom Helm, 1988.

Jones, Geoffery, *Banking and Empire in Iran : The History of British Bank of the Mid-*

# 参 考 文 献


Abedi, Mehdi and Gary Legenhousen, *Jihad and Shahadat : Struggle and Martyrdom in Islam*, Islamic Publications International, 1986.

Abu-Lughod, Janet, *Before the European Hegemony : The World System A.D. 1250–1350*, Oxford University Press, 1989.

Adam, Natif J. and Abdulkader Thomas, *Islamic Bonds : Your Guide to Issuing, Structuring and Investing in Sukuk*, Euromoney Books, 2004.

Ahmad, Mushtaq, *Business Ethics in Islam*, Kitab Bhavan, 1999.

Amirahmadi, Hooshang, *Revolution and Economic Transition : The Iranian Experience*, State University of New York Press, 1990.

Amuzegar, Jahangir, *Iran's Economy under the Islamic Republic*, I. B. Tauris, 1997.

Archer, Simon and Rifaat Ahmad Abdel Karim (eds.), *Islamic Finance : Innovation and Growth*, Euromoney Books and AAOIFI, 2002.

Ariff, Muhammad, *The Muslim Private Sector in Southeast Asia*, Institute of Southeast Asian Studies, 1991.

Arjomand, Said Amir (ed.), *Authority and Political Culture in Shi'ism*, State University of New York Press, 1988.

el-Ashker, Ahmad Abdel-Fattah, *The Islamic Business Enterprise*, Croom Helm, 1987.

Bearman, Peri, Rudolph Peters, and Frank E. Vogel (eds.), *The Islamic School of Law : Evolution, Devolution, and Progress*, Harvard Law School, 2005.

Buckley, R.P., "Hisba and Muhtasib" in *The Book of the Islamic Market Inspector* [translated from Arabic with introduction and notes by R.B. Buckley], Oxford University, 1999.

Chapra, Muhammad Umar, *Objectives of the Islamic Economic Order*, The Islamic Foundation, 1979.

Choudhury, Masudul Alam, *Comparative Economic Theory : Occidental and Islamic Perspectives*, Kluwer Academic Publisher, 1999.

Constable, Olivia Remie, *Trade and Traders in Muslim Spain : The commercial realignment of the Iberian peninsula, 900–1500*, Cambridge University Press, 1994.

## タ行

## サ行

# 索　引

## 略号



## ア行



## カ行

## 著者紹介

**櫻井秀子**（1959～）

作新学院大学総合政策学部教授。

神戸大学経営学部（マーケティング論専攻）卒業。国際大学大学院国際関係学研究科（中東地域研究専攻）修士課程修了。イラン高等教育省人文科学研究所客員研究員、国際大学講師、同中東研究所研究員、作新学院大学地域発展学部助教授を経て現職。主要共著・翻訳出版として、アリー・シャリーアティー『イスラーム再構築の思想』（ペルシャ語翻訳、大村書店、1997年）、「中東イスラーム圏企業の働く女性」（『各国企業の働く女性たち』ミネルヴァ書房、2000年）、「経営の国際化と異文化経営」（『経営学』白桃書房、2003年）、「イランとアフガニスタンのイスラーム政権」（『イラク戦争への百年』書肆心水、2005年）他、論文多数。

現在は、「アジアにおけるダイバーシティー・マネジメント研究」を主宰。イスラーム圏は西アジア－中央アジア－南アジア－東南アジアに広がり、歴史的には、異文化である儒教、仏教圏とビジネス関係を結び、一大シルクロード経済圏を築いてきた。そこでは各文化圏の特殊性もさることながら、〈関係重視型社会〉としての共通性がある。その基底にはダイバーシティ（多様性）を束ねる存在論があり、それは現代のビジネス・マネジメント手法と深く関わっている。本書に示した〈存在から繰り出される経営〉について、イスラーム－儒教－仏教の連繫を視野に、日本を含めた東アジア、東南アジアの経営研究者たちと共同研究を進行中。

イスラーム金融
――贈与と交換、その共存のシステムを解く　　（検印廃止）

2008年9月15日初版第1刷発行

著　者　櫻　井　秀　子
発行者　武　市　一　幸

発行所　株式会社　新　評　論

〒169-0051　東京都新宿区西早稲田3―16―28
http://www.shinhyoron.co.jp
TEL　03（3202）7391
FAX　03（3202）5832
振替　00160-1-113487

定価はカバーに表示してあります
落丁・乱丁本はお取り替えします

装幀　山田英春
印刷　新栄堂
製本　清水製本プラス紙工


ISBN978-4-7948-0780-9 C0036
Printed in Japan

新評論の話題の書

# 社会・文明

**人文ネットワーク**発行のニューズレター「**本と社会**」無料配布中。当ネットワークは，歴史・文化文明ジャンルの書物を読み解き，その成果の一部をニューズレターを通して紹介しながら，これと並行して，利便性・拙速性・広範性のみに腐心する我が国の人文書出版の現実を読者・著訳者・編集者，さらにできれば書店・印刷所の方々とともに考え，変革しようという会です。（事務局，新評論）

---

B. ラトゥール／川村久美子訳・解題
**虚構の近代**
A5　328頁　3360円　〔08〕
ISBN978-4-7948-0759-5
【科学人類学は警告する】解決不能な問題を増殖させた近代人の自己認識の虚構性とは。自然科学と人文・社会科学をつなぐ現代最高の座標軸。世界27ヶ国が続々と翻訳出版。

---

F. ダルマイヤー／片岡幸彦監訳
**オリエンタリズムを超えて**
A5　368頁　3780円　〔01〕
ISBN4-7948-0513-6
【東洋と西洋の知的対決と融合への道】サイードの「オリエンタリズム」論を批判的に進化させ、インド―西洋を主軸に欧米パラダイムを超える21世紀社会理論を全面展開！

---

W.ザックス／川村久美子・村井章子訳
**地球文明の未来学**
A5　324頁　3360円　〔03〕
ISBN4-7948-0588-8
【脱開発へのシナリオと私たちの実践】効率から充足へ。開発神話に基づくハイテク環境保全を鋭く批判！先進国の消費活動自体を問い直す社会的想像力へ向けた文明変革の論理。

---

H.ヘンダーソン／尾形敬次訳
**地球市民の条件**
A5　312頁　3150円　〔99〕
ISBN4-7948-0384-2
【人類再生のためのパラダイム】誰もが勝利する世界（WIN－WIN WORLD）とはどのような世界か。「変換の時代」の中で，真の地球社会を構築するための世界初の総合理論。

---

B.スティグレール／G.メランベルジェ＋メランベルジェ眞紀訳
**象徴の貧困**
四六　256頁　2730円　〔06〕
ISBN4-7948-0691-4
【1.ハイパーインダストリアル時代】規格化された消費活動、大量に垂れ流されるメディア情報により、個としての特異性が失われていく現代人。深刻な社会問題の根源を読み解く。

---

内橋克人／佐野　誠編
「失われた10年」を超えて――ラテン・アメリカの教訓①
**ラテン・アメリカは警告する**
四六　356頁　2730円　〔05〕
ISBN4-7948-0643-4
【「構造改革」日本の未来】「新自由主義（ネオリベラリズム）の仕組を見破れる政治知性が求められている」（内橋）。日本の知性 内橋克人と第一線の中南米研究者による待望の共同作業。

---

C.H.ラヴェル／久木田由貴子・久木田純訳
**マネジメント・開発・NGO**
A5　310頁　3465円　〔01〕
ISBN4-7948-0537-3
【「学習する組織」BRACの貧困撲滅戦略】バングラデシュの世界最大のNGO・BRAC（ブラック）の活動を具体的に紹介し，開発マネジメントの課題と問題点を実証解明！

---

西川潤・野田真里編
**仏教・開発《かいほつ》・NGO**
A5　328頁　3465円　〔01〕
ISBN4-7948-0536-5
【タイ開発僧に学ぶ共生の智慧】経済至上主義の開発を脱し，仏教に基づく内発的発展をめざすタイの開発僧とNGOの連携を通して，持続可能な社会への新たな智慧を切り拓く。

---

オックスファム・インターナショナル／渡辺龍也訳
**貧富・公正貿易・NGO**
A5　438頁　3675円　〔06〕
ISBN4-7948-0685-X
【WTOに挑む国際NGOオックスファムの戦略】世界中の「貧困者」「生活者」の声を結集した渾身レポート！WTO改革を刷新するビジョン・政策・体制への提言。序文＝アマルティア・セン

---

価格税込